Ernst von Weber

Die Folterkammern der Wissenschaft

Ernst von Weber

Die Folterkammern der Wissenschaft

ISBN/EAN: 9783743696587

Hergestellt in Europa, USA, Kanada, Australien, Japan

Cover: Foto ©ninafisch / pixelio.de

Weitere Bücher finden Sie auf **www.hansebooks.com**

Die Folterkammern der Wissenschaft.

Eine Sammlung von Thatsachen

für das

Laien-Publikum

von

Ernst von Weber.

„Wir sind civilisirt, bis zum Ueberlästigen, zu allerlei gesellschaftlicher Artigkeit und Anständigkeit. Aber uns schon für moralisirt zu halten, daran fehlt noch sehr viel.... Denn die Idee der Moralität gehört auch zur Cultur. So lange aber die Staaten alle ihre Kräfte auf ihre eitlen und gewaltsamen Erweiterungsabsichten verwenden und so die langsame Bemühung der inneren Bildung der Denkungsart ihrer Bürger unaufhörlich hemmen, ihnen selbst auch alle Unterstützung in dieser Absicht entziehen, ist nichts von dieser Art zu erwarten, weil eine lange innere Bearbeitung jedes Gemeinwesens zur Bildung seiner Bürger erfordert wird. Alles Gute aber, das nicht auf moralisch gute Gesinnung gepfropft ist, ist nichts als lauter Schein und schimmerndes Elend."

„Man kann ein baster Gelehrter, — d. h. eine Maschine zur Unterweisung Anderer, wie man selbst unterwiesen worden, — und in Ansehung des vernünftigen Gebrauches seines Wissens dabei doch sehr bornirt sein."

Kant.
Ges. Werke Bd. VII. Abth. I. S. 329, Abth. II. S. 26.
(Editio Rosenkranz und Schubert.)

Berlin und Leipzig.
Verlag von Hugo Voigt.
1879.

☞ Alljährlich werden in den physiologischen Laboratorien Deutschland's wie ganz Europa's viele Tausende von hochempfindsamen Thieren (namentlich Hunden) für mancherlei utopische Zwecke in der grausamsten Weise zu Tode gemartert. Und dies ohne den behaupteten Nutzen für die Wissenschaft und Menschenheilkunde, wofür uns zahlreiche Zeugnisse ärztlicher Fachmänner zu Gebote stehen. In England ist das Gewissen der Nation schon seit 2 Jahren erwacht, und hat die über die Greuel der Vivisection empörte öffentliche Meinung dem Parlament ein Gesetz zum Schutze der unglücklichen Opfer dieser „wissenschaftlichen Untersuchungsmethode" abgerungen. Soll die deutsche Nation, die so oft als die gebildetste und humanste Nation der Erde bezeichnet wird, hinter der englischen zurückbleiben? — Allen deutschen Männern und Frauen, denen Humanität und Christenthum keine leeren Worte sind, wird die Weiterverbreitung dieser bereits in fünf fremde Sprachen übersetzten Schrift auf das Dringendste anempfohlen.

———

Vorwort.

> „Wer es einmal so weit gebracht hat — ein Ruhm, den wir ihm nicht beneiden — seinen Verstand auf Unkosten seines Herzens zu verfeinern, dem ist das Heiligste nicht heilig mehr — dem ist die Menschheit, die Gottheit nichts — beide Welten sind nichts in seinen Augen.
>
> Schiller
> (Cotta'sche Ausg. 1847 Band 2 S. 4.
> Vorrede zu den Räubern).

In unserm gesammten deutschen Vaterlande haben die ernsten Worte, die unser allverehrter Kaiser bei seiner Rückkehr nach Berlin an mehrere ihn begrüßende Deputationen richtete, einen tiefen Eindruck hervorgerufen.

In der ersten Antwort (an die Lehrer Berlin's) betonte Se. Majestät, wie verderblich es sei, daß die Erziehung heutzutage ihre Hauptaufgabe viel zu sehr in der Ueberfüllung des Geistes mit todtem Wissen sehe, statt dieselbe vielmehr, und vor Allem, in der Durchdringung mit den Grundsätzen der Religion, der Sittlichkeit und Moral zu suchen.

Die zweite Antwort war an den Senat der Universität Greifs=wald gerichtet. Der Rector hatte seine Anrede an den Kaiser mit den Worten geschlossen: „Die erschütternde Wahrnehmung, daß diejenige wissenschaftliche Arbeit, die nur den Verstand des Menschen schult, seine Seele nicht zur Sittlichkeit zu erläutern vermag, sie wird und soll den Universitäten eine unvergeßbare Mahnung sein zur tieferen Erfassung der ihnen zugefallenen Aufgabe."

Seine Majestät antwortete hierauf: „Für Ihre Theilnahme dankend, hat mir Ihre Auffassung zu hoher Befriedigung gereicht, aus der Wahr=nehmung, daß die wissenschaftliche Bildung des Verstandes allein nicht die sittliche Läuterung des Menschen zur Folge habe, Veranlassung zu nehmen, die Aufgabe der Universitäten tiefer zu erfassen. Voll Vertrauen auf Ihr hierauf gerichtetes Streben kann ich nur wünschen, daß die darin liegende Erkenntniß sich zum Gemeingut aller Kreise wissenschaft=licher Thätigkeit gestalten möge. Dann wird Ihre Mahnung sich zu einem wirksamen Mittel erweitern, die Nation wieder zu einer Denk= und Empfindungsweise zu erheben, die allein den würdigen Ausgleich

für manche in unseren Tagen nur allzuoffen hervortretenden verderb=
lichen Irrungen gewähren kann."

Der Gedanke, daß in einer Zeit, wo die Demoralisation auf allen
Seiten so reißende Fortschritte macht, die **Universitäten** vor Allem der
Nation mit einem guten Beispiele vorangehen und durch die That den
Grundsatz bekennen müssen, daß die Sittlichkeit und die öffentliche Moral
die **höchsten** Güter der Nation, daß alle übrigen Ziele geistiger Ver=
vollkommnung nur Güter **zweiten Ranges** seien — dieser Gedanke,
so einfach und logisch in sich selbst, ist dadurch, daß unser erhabener
Kaiser ihn in so bestimmten Worten betonte, dem großen Publikum
recht eindringlich an's Herz gelegt worden.

Die sittliche Verwilderung und geistige Zuchtlosigkeit unsers Zeit=
alters ist eine Thatsache, und wir sehen sie in den entsetzlichsten Er=
scheinungen zu Tage treten, von den teuflischen Mordversuchen auf die
höchstgestellte und verehrungswürdigste Persönlichkeit unserer Nation und
den Morden von Hunderten von Unschuldigen mittelst verborgener Höllen=
maschinen bis herab zu den grauenvollen Martern lebender Thiere im
angeblichen Dienste der Wissenschaft.

Es ist dieser letztere unmoralische Auswuchs einer sich vom Sitten=
gesetze vollständig losgesagt habenden Wissenschaft, die Sucht nach einer
endlosen Anhäufung von todtem und unfruchtbarem Wissen **mittelst
unsittlicher Mittel** und in gänzlicher Rücksichtslosigkeit auf die
dadurch unserem ärztlichen Stande nothwendig erwachsenden schweren
moralischen Schäden, welche die ernste Beachtung aller denkenden und
ethisch fühlenden Personen fordert.

Was sind alle unseren Thierschutzvereinen täglich zukommenden An=
zeigen von Thierquälereien roher Fuhrleute, Hundefuhrwerksbesitzer,
Vogelsteller ꝛc., die dem bestehenden Strafgesetze verfallen, gegen diese
im Namen der Wissenschaft ungestraft von Physiologen, Aerzten und
Studenten der Medicin fortwährend so massenhaft ausgeübten und so
unsäglich. grausamen Martern? Lassen sich die von Leuten des Volkes
verübten Thierquälereien auch nur im Entferntesten den fürchterlichen
Qualen an die Seite stellen, welche in den physiologischen Laboratorien
Hunderten und Tausenden durch Curare gelähmter, dadurch aber nicht
im Mindesten ihrer hohen Nervenempfindsamkeit beraubter Hunde auf=
erlegt werden? Woher darf die Wissenschaft ein Monopol zu unsitt=
lichem Handeln beanspruchen? Wem gibt sie ein Recht, Barbar und
Folterer zu sein und Barbaren und Folterer zu erziehen? Ist die absolute
Herzensverhärtung, die Gefühls= und Mitleidslosigkeit, die durch das
häufige Ansehen und Mitausüben von Vivisectionen in den jungen
Studirenden der Medicin großgezogen werden, für die gesammte Gesell=
schaft nicht von dem verderblichsten Einflusse? Wird ein Arzt, der gleich=
giltig einen curarisirten Hund langsam zerschneiden und zersägen kann,
wohl mitfühlend dem menschlichen Leiden gegenüberstehen? Muß er
nicht derjenigen menschlichen Seeleneigenschaften verlustig gehen, die

allein im Kranken Zutrauen zum Arzte erwecken können, und deren Ermangelung diesen mehr als die Krankheit selbst fürchten lassen muß? Wird ein solcher Arzt in dem Leidenden nicht gar zu leicht nur ein Object sehen für seine sogenannten wissenschaftlichen Beobachtungen? Welcher Lehrer der Philosophie und Moral, der Religion und Ethik hat je den Satz als zulässig erkannt, daß der Zweck die Mittel heilige?

Die edle englische Nation, die den europäischen Völkern schon in so vielen Richtungen der Humanität vorangegangen ist, wie z. B. in den großen Fragen der bürgerlichen Freiheit, des Gleichgewichts der öffentlichen Gewalten, der socialen Stellung der Frauen, der Emancipation der Negersclaven u. s. w., hat auch der Bewegung gegen die Frevel der Vivisection den ersten Anstoß gegeben. Möchte doch auch die deutsche Nation endlich anfangen, der Stimme der Humanität Gehör zu schenken! Was helfen alle Declamationen über die Nothwendigkeit einer sittlichen Umkehr der demoralisirten Schichten unseres Volkes, wenn die geistigen Leuchten der Nation: die Universitäten, nicht mit einem guten Beispiele vorangehen wollen? So lange freilich die medicinischen Facultäten verblendet genug sind, die Wissenschaft mit der Vivisection, d. h. der rücksichtslosesten Grausamkeit, zu identificiren und beide von einander für unzertrennlich zu erklären, so lange sie, nur ihre privilegirten Standesvorrechte im Auge habend, fortfahren, auf ihrem Monopole der wissenschaftlichen Thierquälerei zu bestehen und das Utilitätsprincip als das höchste, das moralische Gesetz aber nur als ein untergeordnetes Princip gelten zu lassen, so lange sie sich in einer „doppelten Buchführung" über die ethischen und moralischen Pflichten gefallen, indem sie solche wohl für das große Laienpublikum für bindend erklären, sich selbst aber nicht daran gebunden erachten — so lange geben sie der Masse des ungebildeten Volkes das denkbar schlechteste Beispiel, und wir dürfen uns dann nicht wundern, wenn ein fanatischer Socialdemokrat seinerseits dieselben logischen Schlüsse macht und das Utilitätsprincip, d. h. die Befriedigung seiner eigenen weitschweifenden Aspirationen, als seinen höchsten und einzigen Leitstern betrachtet, das Moralgesetz aber, d. i. die Rücksicht auf die Rechte und das Wohl seiner Mitmenschen und auf seine Pflichten gegen dieselben, als eine untergeordnete Richtschnur unbeachtet läßt.

Die Phrase der „freien Bewegung der Wissenschaft", welche die medicinischen Facultäten mit solcher Vorliebe hinsichtlich ihrer Berechtigung zur Vivisection gebrauchen, klingt schön und bestechend, denn wer könnte die Wissenschaft mißachten, wer sie nicht schützen wollen? Diese Phrase enthält aber eine grobe Täuschung des Publikums, indem der ehrwürdige Begriff der „Wissenschaft" in diesem Falle mit einem unsittlichen Principe identificirt wird. Die Wissenschaft soll aber nicht, sie darf nicht unsittlich sein, denn sie soll das Princip der höchsten humanen Bildung repräsentiren. Und deshalb dürfen die Vertreter einer Wissenschaft, die sich vom Moralgesetze lossagt, von uns keine

Achtung und keinen Schutz mehr für dieselbe fordern. Ueberhaupt ist der Grundirrthum, in dem sich die Anhänger der Vivisection befinden, ihre Verabsolutirung der Wissenschaft und der wissenschaftlichen Freiheit, die implicite das Sittengesetz und dessen bindende Kraft leugnet. Diese verderbliche Anschauung, daß die Wissenschaft Selbstzweck sei und nicht nöthig habe, sich dem Sittengesetze unterzuordnen, daß demnach das Moralprincip nur ein Princip zweiten Ranges sei, ist der Hauptgrund der absoluten Nichtbeachtung ihrer Pflichten gegen die Thiere seitens der Mitglieder unserer Physiologenzunft. Die so oft von denselben gebrauchte Redensart, daß **die Wissenschaft die wahre Humanität** sei und ebendeshalb nicht **gefesselt** werden dürfe, ist grundfalsch. **Wissenschaft für sich allein ist noch lange keine Humanität!** Die heute so hoch entwickelte artilleristische Wissenschaft zum Beispiel, die es zu einer so erstaunlichen Kunst der schleunigsten Vernichtung von Menschenmassen gebracht hat, ist ebensowenig ein humanes Princip, als es etwa die wissenschaftliche Fertigkeit, Menschen zu vivisecieren, sein würde. Niemand wird dem speciellen Interesse der Artilleriewissenschaft zu Liebe die Vornahme von Experimenten anempfehlen wollen, durch welche etwa die Wirkung einer neuen Art von explosiblen Kugeln oder Kugelspritzen auf eine zu diesem Zweck aufgestellte dichte Menschenmasse studirt werden sollte! Sind die schrecklichen Experimente an Hunden und Kaninchen im Special-Interesse der physiologischen Wissenschaft (da die praktische Menschenheilkunde nie einen Gewinn daraus ziehen kann) etwa moralisch entschuldbarer?

Nichts ist daher trügerischer und unberechtigter als der Satz: „Die Wissenschaft darf keine Fesseln tragen". Der „Wissenschaft" freilich kann man keine Fesseln anlegen, denn sie ist ja nur ein idealer Begriff; wohl aber sollen und müssen den grausamen Menschen, die sich unter dem schützenden Mantel der Wissenschaft die abscheulichsten Verletzungen des Sittengesetzes erlauben, die Hände gefesselt werden. Die ehrwürdige Statue der Pallas-Athene soll und darf nicht länger als ein schützender Hort für Verbrechen gegen die Menschlichkeit gemißbraucht werden. Die Freiheit der „Wissenschaft" muß ihre Grenzen haben überall da, wo sie mit einem unbedingt höheren Principe, dem Moralprincipe, feindlich zusammenstößt. Und alle aufrichtigen Freunde der menschlichen Bildung und Vervollkommnung müssen einstimmig gegen jene schamlose Identificirung von Wissenschaft und Immoralität protestiren, wodurch die erstere ihrer hohen Stellung vollständig beraubt und der öffentlichen Verachtung ausgesetzt wird.

Möchte doch jeder ethisch fühlende Mensch, dem die vorliegende Schrift vor Augen kommt, und der noch nicht Mitglied eines Thierschutzvereines ist, sich durch die Lectüre meiner Schrift veranlaßt fühlen, dem ihm nächstliegenden solchen Vereine beizutreten, um dann auch sein Scherflein mit beitragen zu können zur Unterdrückung einer der widerwärtigsten Richtungen moderner Demoralisation.

Einleitung.

> Das Oeffnen lebendiger Thiere hat mehr
> dazu beigetragen, den Irrthum zu perpetuiren,
> als die richtige Einsicht, die wir dem Studium
> der Anatomie entnehmen, zu bestätigen.
> Sir Charles Bell (Nervous System.
> II. Th. S. 184.)

Es dürfte dem Zwecke dieses Flugblattes entsprechen, dem nach=
folgenden Vortrage die Copie eines Briefes vorausgehen zu lassen, der
von einem der angesehensten und vielbeschäftigtsten Bremer Aerzte, Herrn
Dr. med. von Eelking, an Herrn Kühtmann, den Vorstand des großen
deutschen Reichsbundes zum Schutze der Thiere, gerichtet und von diesem
Letzteren in Nr. 185 des Bremer „Couriers" (vom 6. Juli 1878) ver=
öffentlicht worden ist. Herrn Kühtmann's Artikel lautet wörtlich wie folgt:
„Die Vivisection und der Thierschutz.

Während ich aus dem anderthalb Druckbogen füllenden Vortrage
des Herrn Ernst von Weber in Dresden über qualvolle Experimente
an lebenden Thieren blos ein paar Fälle mittheilte, um zu zeigen, zu
welchen Ausschreitungen die Wissenschaft, oder besser gesagt, die Wissens=
sucht gekommen, war ich der naiven Ansicht, daß jener Vortrag gerade
für unsere Herren vom Fach, für unsere Herren Aerzte, etwas Neues
enthalten würde, und ich hatte mir daher die Freiheit genommen, ihn
unserem geschätzten Herrn Dr. von Eelking einzusenden, nicht ohne einige
Hoffnung, daß dessen so gewandte Feder uns in der „Weser=Zeitung",
oder vielleicht anderswo, eine Besprechung des Gegenstandes bringen würde.

Herr Dr. von Eelking hat mir dieses Flugblatt ungelesen zurück=
gesandt. Die Motivirung aber ist so schön, und sein Begleitschreiben
enthält so viel Vortreffliches, daß ich hoffe, es werde mir um des großen
Dienstes willen, der hier dem Thierschutz geleistet wird, die Indiscretion
von ihm verziehen werden, die ich begehe, wenn ich seinen Brief hier
zum Abdruck bringe. Derselbe lautet wie folgt:

Geehrter Herr Kühtmann!

Wenn ich Ihnen die empfangene Tragödie in Prosa ungelesen
zurücksende, so betrachten Sie das nicht als ein Zeichen meiner Theil=
nahmlosigkeit, als Gleichgiltigkeit für Ihre Bestrebungen, denen ich den
verdienten Erfolg aus tiefstem Gemüthe wünsche. Aber solche Details

herzloser Grausamkeiten in einem Bündel comprimirten Extracts, gewisser=
maßen (verzeihen Sie den Euphemismus!) la fleur de cruauté légalisée,
den haut goût civilisatorischer Wissenschaftsbestrebungen, kann ich nicht
und mag ich nicht, wenn nicht nothgedrungen, durchkosten.

Bedenken Sie, daß ich jede Woche einen sogenannten „medicinischen
Bücherkasten" bekomme, der gewöhnlich ein englisches Zeitungsblatt
„the Lancet", ein dito französisches „la gazette des hopitaux" und
etwa ein Dutzend neuere deutsche Broschüren und Tages= oder Wochen=
blätter meines Berufs bringt. Rechnen Sie, daß nur Eins davon die
letztmonatlichen Berichte der wichtigsten Vivisectionen bringt, also solcher,
die Neues entdeckt haben, oder zur Entdeckung in Aussicht stellen, oder
scheinbar sicher Entdecktes wieder in Frage stellen oder auch als falsch
erklären und zu neuen Versuchen in dieser oder jener Richtung auffordern,
um diesen oder jenen dunklen Punkt aufzuhellen, ein fehlendes Binde=
glied in den physiologischen Functionen gewisser Theile einschieben zu
können 2c. 2c., und Sie werden begreifen, daß ich hinreichend orientirt
bin, was das Flugblatt, das mir mitzutheilen Sie die Güte hatten,
über Derartiges bringen kann.

„Aber," sagen Sie, „verehrter Doctor, das müssen Sie doch lesen.
Schreiben Sie mir denn selbstständig etwas über jene wöchentlichen
Fälle von etwa zwölf Zeitungen der drei großen Länder Frankreich,
England, Deutschland; ich bin damit zufrieden."

Sie sind im Irrthum, antworte ich. Das Wort „Vivisection"
in einem Artikel (wie viel mehr in der Ueberschrift!) ist für mich ein
noli me tangere, ich sage mit Bismarck's Wappenspruch: Rühr' mich
nicht an, es sind Nesseln dran. Ich überschlage es. Mögen Andere
die Thiere quälen, wenn sie es für nöthig halten; ich kann mich in der
Lectüre höchstens mit den sicher eruirten Resultaten befassen, den Blut=
weg durch Zersetzung, Zersägung, Zerschneidung, Annageln und Annähen,
Herausnehmen und Hineinpflanzen will ich nicht mit durchmachen. Ich
wende meinen Blick und meine Gedanken davon ab, wie von unverdientem
grenzenlosen menschlichen Elend, wenn ich mein Scherflein nach Kräften
(und auch) unter denselben, denn wo wäre die Grenze?) beigesteuert habe.

Beackern sie Ihr Feld weiter, ermüden Sie nicht; die Saat geht
auf, hier, dort; immer mehr wird dem wilden Urwald abgerungen, aber
es bedarf der Geduld, die alten, tief eingebetteten Wurzeln herauszu=
bringen aus dem chaotischen Verwilderungsproceß der ungepflegten
Menschennatur. Wo sind England's Hahnenkämpfe mit den angeschnallten
Stahl= statt der angeborenen Natursporen, wo die Boxerkämpfe, wo die
Gentry auf Tim wettete, daß Tim im sechsten Gange wenigstens ein
Auge herausgedrückt sein werde, und sich freute, daß sie sich geirrt, weil
schon im vierten Gange zwei Sehorgane desselben unbrauchbar geworden
waren — —? Der Zeitgeist hat das Parlament gezwungen, sie zu
verbieten. Auch Spanien wird nachkommen mit seinen Stierkämpfen,
den nachschleppenden Eingeweiden edler Rosse, den zerfetzten Picadores,

Toreadores und Matadores und dem grausam wollüstigen Gejubel schwarzäugiger Sennoritas.

Doch siehe, es ist zu Ende mein Papier, nicht meine Phantasie, ich hätte besser gethan, einfach abzulehnen, aber: „C'est plus fort que moi".

Leben Sie wohl verehrter Freund. Mit herzlichen Wünschen für Ihre Bestrebungen   Ihr ergebenster
                                    Herm. v. Eelking."

Diesem, dem menschlichen Gefühle des Dr. von Eelking alle Ehre machenden Briefe will ich nur noch beifügen, daß die phlegmatische und passive Indifferenz so vieler gebildeter Menschen in Deutschland mir ein wahres Räthsel ist. Meine Meinung ist: Wer die Scheußlichkeiten der Vivisection kennt und trotzdem weder Hand noch Fuß rührt, um dazu zu helfen, daß dieselben nach Möglichkeit eingeschränkt werden, der verkennt gänzlich den Ernst seiner Pflichten als ein ethisch gebildeter Mensch. So lange solche Schändlichkeiten unbehindert fortdauern, müssen wir ebenso die Fanatiker der Wissenschaft anklagen, die sie für nothwendig erklären, als das duldsame Publikum, das sie sich gefallen läßt.

Ein lebendiges Kaninchen.

I.

Vortrag,

gehalten

im Thierschutzvereine zu Dresden.

> „Alles Wissen muß doch zuletzt im Dienste des Humanitätszwecks stehen, in welchem Dienste die Erkenntniß jedenfalls nur ein einzelnes Moment ausmacht, das nimmermehr auf Kosten anderer wesentlicher Momente ausgebildet werden darf. Der Naturforscher ist zunächst und vor allen Dingen Mensch und darnach erst Naturforscher."
>
> Cap. 121 aus Bischof Dr. Martensen's „Christlicher Ethik" Kopenhagen 1878.

Die Praxis der Vivisection oder der Verübung von wissenschaftlichen Experimenten an lebenden Thieren hat in dem letzten Jahrzehnt eine früher ganz ungeahnte enorme Ausdehnung gewonnen. Statt daß wie früher nur gelegentlich ein Mann von hohem wissenschaftlichen Standpunkte einige solche Versuche machte, um irgend ein wichtiges physiologisches Problem zu lösen, ist neuerdings die Vivisection die Alltagsbeschäftigung von vielen Hunderten von Physiologen und jungen Studirenden der Physiologie durch ganz Europa hindurch geworden. Die unwiderstehliche Sehnsucht, den Ruhm eines Entdeckers zu erwerben, beherrscht jetzt die jüngeren Physiologen so allgemein und so ausschließlich, daß andere Rücksichten als rein wissenschaftliche für dieselben gar nicht mehr in Frage kommen. Jede wirkliche oder vermeintliche Entdeckung des einen Physiologen hat sofort zur Folge, daß über ganz Europa hin die von ihm gemachten und veröffentlichten Experimente von Schaaren von physiologischen Forschern, unter diesen auch von vielen nur ganz ungeübten Anfängern, nachgemacht und hundertfach wiederholt werden. So viele Vivisectoren es gibt, so viele Meinungsverschiedenheiten pflegen unter ihnen zu bestehen, und dies ist der Grund, warum z. B. ein in Leipzig oder Berlin gemachtes Experiment immer gleich Hunderte von ähnlichen Versuchen an anderen Orten nach sich zieht, blos um den ersten Versuch zu controliren und eventuell seine Resultate in Frage zu stellen. Jedes neue in einer wissenschaftlichen Fachzeitschrift veröffentlichte Experiment pflegt eine Menge von neuen physiologischen Detailfragen zu eröffnen, und hierdurch wächst die Zahl der Versuche fortwährend in geometrischer Progression und wird bis in's Unendliche vervielfältigt. Die Geschichte der Vivisection lehrt, daß immer jede neue Generation von Vivisectoren die Resultate der vorhergehenden Generation umwirft, um schließlich ihrerseits wieder von der nächstfolgenden des Irrthums bezichtigt zu werden. Den wenigsten von den Experimentirern wurde eben vom Himmel die Gabe des Entdeckungstalentes zu Theil, und deshalb kann es nicht auffallen, daß bei dem großen Procentsaße von untergeordneten wissenschaftlichen Talenten unter den physiologischen Forschern so wenig Nützliches und Brauchbares für Wissenschaft und Heilkunde aus allen ihren unzähligen Experimenten zu Tage gefördert wird. Hervorragende medicinische Fachmänner, wie z. B. die berühmten Aerzte Nélaton, Sir William Fergusson und Sir Charles Bell haben es offen eingestanden, daß unter jedem Tausend von solchen Vivisectionsversuchen kaum mehr als der zehnte Theil davon irgend einen, wenn auch nur geringen Werth für die Wissenschaft und Heilkunde beanspruchen kann, daß aber die übrigen 900 als vollständig unnütz und werthlos erachtet werden müssen. Mit der ungeheuren Zunahme der Gesammtsumme der Vivisectionsexperimente ist also natürlich auch der Procentsatz der **unnützen** Experimente in demselben Verhältnisse gestiegen. Der allergrößte Theil der Versuche ist jetzt auf die Erforschung der Organisation des Gehirns und seiner Beziehungen zum Nervensystem gerichtet, und bei solchen Experimenten darf den armen, langsam zu Tode gemarterten Thieren nicht einmal die Wohlthat der Narkotisirung zugewendet werden, da eine solche wesentlich die Resultate des Versuches beeinträchtigen würde.

Ueber den **wissenschaftlichen Werth** der Vivisection sowie über ihren **Nutzen für die Heilkunde** sind die Meinungen unter den medicinischen Fachmännern **sehr getheilt**. In England, wo die ungleich mehr als bei uns dem Thierschutz zugewendete öffentliche Meinung des gebildeten Theiles der Nation jeden die Vivisection nicht billigenden Arzt zur freien Aussprache seiner Ansichten ermuthigt, herrscht in Folge dessen nicht jenes scheue und ängstliche Zurückhalten der inneren Meinung, welches den größten Theil unserer deutschen Aerzte bis jetzt verhindert hat, offen Stellung zur Vivisectionsfrage zu nehmen. Mit derselben Entschiedenheit, womit die Züricher medicinische Facultät und Dr. Hermann, Professor der Physiologie in Zürich, für die absolute Nothwendigkeit und Unentbehrlichkeit der Vivisection eintreten, wird die letztere von einer ganzen Menge von angesehenen und in England allgemein bekannten und geehrten Aerzten und Gelehrten für vollständig entbehrlich und überflüssig erklärt. Der berühmte Sir Charles Bell erklärt frank und frei, daß die Oeffnung lebender Thiere mehr zur Erzeugung von Irrthümern als zum Gewinn von Wahrheiten gewirkt hat, und daß überhaupt Experimente an lebenden Thieren nicht der Weg sind, um zu sicheren wissenschaftlichen Entdeckungen zu gelangen. Sir William Fergusson, einer der ersten Chirurgen der Welt, ist ebenfalls ein erklärter Feind der Vivisection und constatirt, daß dieselbe für die Chirurgie vollständig unnütz ist. Noch mehrere der größten medicinischen Autoritäten haben es in England gewagt, die Vivisection rückhaltlos zu verwerfen. Nicht weniger als **siebenzig Doctoren der Medicin** haben ein Memorandum an den großen Londoner Thierschutzverein zum Zwecke der möglichsten Beschränkung der Vivisection unterschrieben. Die Universität Dublin hat in ihren Laboratorien die Vivisection abgeschafft und hat seitdem nicht weniger tüchtige Aerzte herangebildet als andere dergleichen Anstalten. Die Königliche Chirurgische Akademie in London hat die Vivisection für ihre Unterrichtszwecke wenigstens möglichst beschränkt. Ein sehr großer Theil der englischen Gelehrten und Aerzte stimmen also in ihrem Urtheile genau überein mit dem Ausspruche unseres Jatros, des gelehrten ärztlichen Verfassers der vorzüglichen 1877 erschienenen Schrift: „Die Vivisection, ihr wissenschaftlicher Werth und ihre ethische Berechtigung", daß der wissenschaftliche Werth der Vivisection bisher grenzenlos überschätzt worden, und daß die so oft triumphirend aufgestellte Behauptung, daß wichtige wissenschaftliche Entdeckungen von der größten Tragweite nur durch sie ermöglicht worden seien, nicht in Wahrheit begründet ist. Die Resultate der Vivisection waren bis zum heutigen Tage gegenüber den Hekatomben qualvoll geopferter Thiere erbärmlich gering und unsicher, theils ungenügend, theils unanwendbar, theils sogar irreführend. Jatros faßt sein Urtheil über den Werth der Vivisection für die praktische Medicin in den folgenden Punkten zusammen:

1. Die praktische Medicin hat aus der Vivisection weder direct noch durch Vermittelung der Physiologie einen nennenswerthen Nutzen gezogen.
2. Die Fälle, in denen ein solcher Nutzen nachweisbar oder theoretisch möglich ist, gehören fast ausschließlich den Gebieten der Toxikologie und der Chirurgie an.
3. In den meisten anderen Fällen ist die Vivisection für die Medicin ganz entbehrlich, indem sie die Diagnostik nur durch solche Zusätze bereichert, die für die Therapie keine verständlichen Indicationen liefern können.
4. Als überflüssig muß sie dann auch schädlich werden, indem sie die Aufmerksamkeit des Arztes vom Krankenbette abzieht und auf utopische Ziele lenkt, die mit der Heilkunst nichts zu thun haben.
5. Abgesehen von dieser unvermeidlichen Schädlichkeit wird sie

in einzelnen Fällen noch dadurch gefährlich, daß sie zur Quelle des Irrthums, also zur mittelbaren Ursache unabsehbaren Unheils werden kann.

Dr. Roche, Mitglied der französischen Akademie, sagt: „Sehen wir nicht alltäglich unbestreitbare Resultate der Vivisection des Vorabends durch andere des folgenden Morgens Lügen gestraft werden? Wenige Fälle ausgenommen, führen die Vivisectionen fast regelmäßig zu den trügerischsten Resultaten und sind an und für sich ganz unfähig, irgend etwas Sicheres aufzubauen." Nélaton, der berühmte Pariser Chirurg, sagte zu Claude Bernard, dem bekannten Vivisector, daß alle auf die Experimentalphysiologie gegründeten Systeme falsch seien, und daß man ein sehr merkwürdiges Buch über die Widersprüche der verschiedenen physiologischen Experimente schreiben könnte. Der deutsche Anatom Strauß-Dürkheim sprach sich folgendermaßen aus: „Die Schüler lernen nichts aus dieser abscheulichen Methode der Vivisection. Im Organismus von Thieren, die in einen so furchtbaren Zustand versetzt sind, müssen alle organischen Functionen gänzlich gestört sein und können folglich nichts Neues lehren. Aber der Fanatismus ist eine Seuche, sie verbreitet sich überall, an allen Orten sprossen die Vivisectoren hervor. Man quält aus Neugierde, aus Gewohnheit, aus Mode.

Ein Heer von Vivisectoren stimmt über die Functionen des Gehirns nicht überein. Und das ist wohl sehr natürlich, denn nach dem Ausspruche eines bedeutenden Arztes, den ich im Report der Königl. Englischen Commission citirt finde, ist das Gehirn ein viel zu complicirtes Organ, als daß man hoffen dürfte, jemals durch Vivisection darüber sichere Aufschlüsse zu erlangen. Jede Meinungsverschiedenheit unter den Vivisectoren, welche die Geheimnisse des Gehirns zu erforschen streben, ruft nur eine neue Reihe von Quälereien hervor, die in ihren Resultaten noch widersprechender sind, als die vorhergegangenen, weil sie von so verschiedenen gänzlich unbekannten Einflüssen abhängen; alle aber sind mit Grausamkeit und schweren Leiden für die Opferthiere verbunden. Die Pein und Qual für viele Tausende von hochempfindsamen Thieren ist sicher, die Resultate aber sind äußerst unsicher und problematisch. Wie traurig klingt da doch das von großen englischen Aerzten sowie von Jatros ausgesprochene Bekenntniß, daß für alle die entsetzlichen qualvollen Leiden der Millionen von Thieren, die in den letzten Jahrzehnten über ganz Europa hin den utopischen Zwecken der Vivisection und der Eitelkeit so vieler nach einem wissenschaftlichen Namen strebender Forscher geopfert worden sind, auch nicht eine einzige Stunde eines Menschenlebens aufgewiesen werden kann, die dadurch gewonnen oder erträglich gemacht worden wäre. Wenn daher das Gutachten der Züricher medicinischen Facultät behauptet, „daß die Vivisection den idealsten Zwecken der Menschheit diene, daß sie zur Erhaltung und Rettung von Menschenleben unentbehrlich sei, und daß ihr Wegfall mit Generationen von schlechten Aerzten d. h. mit Menschenleben bezahlt werden würde", so sind dies hochklingende Phrasen, denen jede Spur von Wahrheit ermangelt. Aber selbst wenn sie einige Wahrheit enthielten, so würde auch dann noch gelten, was F. P. Cobbe so passend mit den folgenden Worten ausspricht: „Unsere Tage sind gezählt, und ohne der Medicin zu nahe zu treten, kann man sagen, daß sie sogar viel nicht thun kann, dieselben zu verlängern. Steht dieses Wenige im Verhältnisse zu den unsäglichen Qualen von vielen Hunderttausenden von Thieren? Wer möchte seine Heilung und Linderung um solchen Preis erkaufen?"

Meine Herren! Bei meiner Besprechung der Vivisectionsfrage muß ich im Voraus feststellen, daß diese Frage nicht eine solche ist, die nur die Gelehrten und Aerzte allein angeht. In dieser Ansicht ist zwar leider ein großer Theil der deutschen Physiologen befangen; wir müssen ihr jedoch mit aller Entschiedenheit entgegentreten. Das große gebildete Publikum, für das die Forderungen der Humanität und des ethischen Moralgefühls wenigstens ebensoviel gelten wie die Ansprüche der Wissenschaft und Alles dessen, was sich hinter derselben versteckt und sich mit ihrem Mantel deckt — dieses große gebildete Publikum hat ein Recht zu verlangen, daß der Vivisectionstisch mit Allem, was d'ran und d'rumhängt, an das Licht der Oeffentlichkeit gezogen werde, nachdem sich bei Gelegenheit der großen amtlichen Untersuchung in England im Jahre 1876 herausgestellt hat, daß mit der allgemeinen Vivisectionsfreiheit ein so enormer Mißbrauch getrieben wird, und daß sich gewisse sehr berühmte Vivisectoren der allergrößten Schandthaten schuldig gemacht und ohne alle zwingende Nothwendigkeit die allergrausamsten und empörendsten Vivisectionsmethoden ausgeübt haben. Diesen auf authentischen Berichten über Vorkommnisse in sämmtlichen physiologischen Laboratorien Europa's beruhenden Londoner Enthüllungen ist es zu danken, daß in einem großen und ehrenwerthen Theile des Publikums ein tiefes Mißtrauen und Abscheu gegen die gesammte Forschungsmethode der Vivisection erwacht ist, daß in Folge der ungerechtfertigten Ausschreitungen ihrer grausamen Collegen auch die Milderen und Gewissenhafteren unter den Vivisectoren unter dem öffentlichen Verdammungsurtheil zu leiden haben, daß sich im großen Publikum die Meinung festgesetzt hat, man könne kein Vivisector sein, ohne zugleich ein grausamer und barbarischer Mensch zu sein, und daß die Stimmung der Mehrheit des gebildeten Theiles der englischen Nation jetzt entschieden gegen die Zulässigkeit aller und jeder Vivisection überhaupt gerichtet ist. In den gesammten Organen des öffentlichen Lebens, in den Vereinen und der Presse Großbritannien's ist die Idee vollständig zum Durchbruch gekommen, daß die Vivisection in ihrer heutigen schrankenlosen Ausdehnung ein Schandfleck auf der vielgepriesenen Cultur unserer Zeit ist.

Kann man sich aber über eine solche Erregung der öffentlichen

Meinung wundern, wenn man die Resultate der großen Londoner Untersuchung von 1875 und 1876 näher in Augenschein faßte? Es ist durch dieselbe actenmäßig festgestellt worden, daß alljährlich viele Tausende von Thieren unnützer Weise und ganz frivolen und utopischen Zwecken zu Liebe in der allerfürchterlichsten Art zu Tode gemartert werden. Es sind ganz unsägliche Greuel an's Licht der Oeffentlichkeit gezogen worden, von europäischen Culturmenschen verübte Greuel, die Alles übertreffen, was wir von den wildesten Stämmen im Innern von Afrika wissen. Und mit Trauer muß ich bemerken, daß zu allen den grausamen Versuchen mit Vorliebe nur hochentwickelte und mit großer Nervenempfindsamkeit begabte warmblütige Thiere gewählt wurden.

Ich habe mir die Mühe genommen, den ganzen 388 enggedruckte Folioseiten und 6551 Paragraphen enthaltenden amtlichen Bericht der Kgl. Commission zu London sorgsam durchzustudiren, und will Ihnen nun in dem Folgenden eine kleine Blumenlese aus den dort aufgeführten theils von Augenzeugen verbürgten, theils den Schriften der Vivisectoren selbst entnommenen haarsträubenden Beispielen solcher Experimente vorführen.

Der berühmte Pariser Professor Magendie erlaubte sich solche Scheußlichkeiten gegen die unglücklichen Opferthiere, daß ich ihn meinerseits allen Ernstes zu den ruchlosesten Verbrechern zählen muß, die je auf Erden gelebt haben. So nagelte er z. B. ein feines nervöses Wachtelhündchen, das er in der Auction erstanden hatte, mit seinen 4 Pfoten und seinen langen seidenweichen Ohren auf den Tisch, wohlbemerkt, ohne es zu narkotisiren, um so seinen Schülern in bequemerer und ungestörterer Weise das Durchschneiden der Augennerven, das Aufsägen des Hirnschädels, das Zerschneiden des Rückgrates und das Bloßlegen der verschiedenen Nervenbündel demonstriren zu können. Und dann hob er das arme, immer noch lebende Thierchen für die Versuche des nächsten Tages auf! Derselbe Mann schnitt einem Hunde den Magen aus und befestigte eine Blase an dessen Stelle und beobachtete nach diesem die weiteren interessanten physiologischen Vorgänge in dem langsam absterbenden Thiere. Der erst im letzten Februar verstorbene berühmte Pariser Professor Claude Bernard erfand einen ingeniösen Ofen, um den langsamen Tod der warmblütigen Thiere durch Hitze zu studiren. Auf S. 358 seines Buches beschreibt er die Details des langsamen Todes von 17 in diesem Ofen lebendig gebackenen Hunden und 22 Kaninchen. Wohlbemerkt gingen alle diese Versuche ohne Narkotisirung der Thiere vor sich! Herr Bernard stellte durch diese Versuche fest, daß ein Hund bei 72° R. in 24 Min., bei 80° R. in 18 Min. stirbt. Wenn der Kopf des Thieres außerhalb des Ofens sich befand, so lebte das Thier manchmal noch bis zum nächsten Tag. Bernard pflegte auch öfters kleine Hunde in Wannen voll kochenden Wassers zu werfen und so lebendig abzusieden. Gleiche Experimente machten an Legionen von Hunden die Doctoren Fordyce, Blagden,

Delaroche und Berger. Professor Dr. Fyfe in Edinburgh befestigte einen schönen Wachtelhund, nachdem er ihn an allen Pfoten geknebelt, noch durch eine starke Peitschenschnur an den Tisch, die er dem Thiere durch die Nasenlöcher zog, nachdem er ihm vorher mit einem eisernen Instrumente die Nase durchbohrt hatte. Nach diesem schnitt er dem Thiere, ohne es zu narkotisiren, die Brust und den Bauch auf, um seinen Schülern die einzelnen inneren Organe zu zeigen. Der Ausdruck der Qual, als das Thier seine weißen Zähne zeigte und sich zu sträuben versuchte, war nach dem Berichte eines Augenzeugen ein entsetzlicher, denn der Schmerz, den ihm bei jeder leisesten zuckenden Bewegung das Einschneiden der Schnur in den beim Hunde so empfindlichen · Nasenlöchern bereitete, mußte ein

Vivisector's Apparat zum Studium des Todes durch Hitze (entnommen dem Werke: „Leçons Sur la Chaleur Animale" von Claude Bernard, S. 347, Paris 1876.)

ganz furchtbarer sein. Der Versuch des Pariser Professors Brachet ist wohl Ihnen allgemein bekannt, durch welchen derselbe die Grenzen der Anhänglichkeit des Hundes festzustellen suchte. Erst grub er seinem Hunde die Augen aus, später zerstörte er dessen Gehörorgan, und nach diesem quälte er das arme Thier noch monatelang mit allen möglichen anderen Martern. Und das Resultat war, daß ihm das Thier nach allem diesen trotzdem noch die Hände leckte! Derselbe Ehrenmann, der nicht weniger als 200 Hunde ähnlichen interessanten Versuchen opferte, schnitt einer trächtigen Hündin den Leib auf, um das wichtige Factum festzustellen, daß die sterbende

Mutter noch die gewaltsam zur Welt geförderten Kleinen leckte. Die Professoren Schiff und Gavaret machten endlose Experimente an Hunden über den Tod durch gewaltsame und langsame Erstickung, sowie durch lebendiges Rösten in Backofenhitze. (S. 144 in Schiff's Buch und S. 156 in dem von Gavaret ist die Beschreibung davon zu lesen.) Professor Bouillaud durchbohrte die Stirn eines Hundes an 2 Stellen mit einem dicken eisernen Bohrer und führte ein rothglühendes Eisen in dessen Gehirn ein. Das Thier heulte und schrie sechs Tage lang beinahe ohne Unterbrechung, trotzdem daß man es wiederholt durch Schläge zu beruhigen suchte, so daß es aus Rücksicht auf die Nachbarschaft endlich getödtet werden mußte (§ 5562). Nach diesem wiederholte Bouillaud dasselbe Experiment an einem jungen, lebhaften und gelehrigen Hunde, den er mit durchbohrtem Gehirn in den Fluß warf, um zu sehen, ob er in diesem Zustande noch schwimmen könnte. Dieses unglückliche Thier erlag erst nach 16 Tagen seinen Leiden. (Sie finden diese Versuche Bouillaud's im Journal Phrenological Magazine Nr. 29, S. 202.) Auch an Vögeln versuchten Magendie und Bouillaud vielfach ihre wissenschaftlichen Quälkünste. Magendie amüsirte sich öfter damit, in den Hinterkopf von Tauben Nadeln zu stecken; die so durch ihn geschmückten Vögel gingen und flogen ca. 1 Monat lang fortwährend nach rückwärts. Bouillaud beraubte eine Henne des vorderen Theiles ihres Gehirns. Das verstümmelte Thier wurde nun von ihm im Hofe herumgehetzt, von verschiedenen erhöhten Standpunkten herabgeworfen, erst einem starken Regen, dann dem Küchenfeuer ausgesetzt und zuletzt mit glühenden Eisen gezwickt, nur um Studien über den ihm noch verbliebenen Rest von Intelligenz zu machen. Professor Schiff erregte in Florenz durch seine mitleidslosen Vivisectionen so sehr die öffentliche Stimmung gegen sich, daß sogar die Lastträger der Stadt sich gegen ihn verbündeten und sein Leben ernstlich in Gefahr brachten; er mußte sich daher glücklich schätzen, einen Ruf nach Genf zu erhalten und Florenz verlassen zu können. Er vivisecirt alljährlich über 700 Hunde, seine Hände rauchen also alltäglich von Hundeblut. In § 1287 des Reportes finden Sie, daß er selbst in einem seiner Bücher, der Physiologie der Verdauung, das Folgende sagt: „Ich bin genöthigt, vielen der in mein Laboratorium eingelieferten Hunde sofort nach ihrer Ankunft die Stimmnerven zu durchschneiden, damit ihr allnächtliches Heulconcert meine physiologischen Studien nicht bei meinen Nachbarn in übeln Ruf bringe." Prof. Ferrier schnitt 13 kleinen Affen (Makaks) die Köpfchen auf und beschreibt mit Meisterschaft die Aeußerungen der Pein und Qual, welche die armen Thierchen bei den weiteren hierauf folgenden Experimenten bezeigten (§ 5565). Professor Carpenter füllte den Magen eines Hundes mit siedendem Wasser an. Der Hund starb nach 4 Stunden (§ 5616). Einem anderen Hunde füllte er Sand in die Adern. In § 1727 berichtet Dr. Noe Walker, daß sein Lehrer in einem Laboratorium auf dem Continent bei verschiedenen Hunden und Lämmern künstliche Augenentzündungen erzeugte, theils durch chemische Reizmittel, theils mittelst eines durch die durchsichtige Hornhaut des Auges gezogenen Zwirnfadens. Er ließ hiernach den armen Thieren weder bei Tag noch bei Nacht Ruhe, da ihr Schlaf seine Beobachtungen gestört haben würde, und wenn die Verletzungen zu heilen begannen, so wurden sie wieder von Neuem von ihm aufgerissen. Und zu welchem Zweck? Haben die Schlüsse von einer auf so gewaltsame und unnatürliche Weise provocirten Augenentzündung irgend einen praktischen Werth für die Behandlung menschlicher, aus ganz anderen Ursachen entstandenen, Augenkrankheiten?

Gleich unnütz waren die zahlreichen Versuche von Dr. Bennett über die Wirkung verschiedener Gifte und Droguen. 619 Thiere, meist Hunde, Katzen und Kaninchen, fielen diesen überaus schmerzvollen Versuchen zum Opfer. Ein Hund, der merkwürdigerweise von der ersten Giftportion nicht gestorben war, erhielt nach ein paar Wochen eine zweite. Und was war das Resultat aller dieser Qualen? Daß die Gifte auf verschiedene Thiere ganz verschieden einwirken, und daß also auf eine analoge Wirkung auf den menschlichen Körper gar kein Schluß gemacht werden kann. Ziegen fressen ohne üble Folgen Schierling. Schweine können fast alles vertragen, und die gemeine Kröte schlingt sogar ungestraft Blausäure hinunter. Eine Taube genoß ohne Nachtheil eine Dosis Opium, wovon ein kräftiger Mensch gestorben sein würde. Kaninchen verzehren die dem Menschen so schädliche Tollkirsche oder Belladonna, ohne davon die mindeste Indisposition zu spüren. Der Stich der südafrikanischen Tsetsefliege tödtet den stärksten Ochsen, schadet aber dem feinhäutigen Menschen absolut gar nichts. Quecksilber wirkt durchaus anders auf Hunde als auf Menschen. Zu was also alle diese gewissenlose Quälerei durch Gifte, wenn der Menschenheilkunde daraus nicht der mindeste Gewinn erwachsen kann? Dr. Harley vergiftete eine Katze durch allmälige kleine Arsenikgaben, so langsam aber, daß das Thier erst nach 80 Tagen starb (§ 5747). Dr. Brunton opferte 270 Katzen qualvollen Versuchen über das Choleragift, die aber nicht das mindeste nützliche Resultat einbrachten, und 150 Katzen Versuchen über Schlangengift, wobei ebensowenig auch nur der geringste wissenschaftliche Gewinn erzielt wurde. Er bekennt in seiner Examination ausdrücklich, daß ihm alle diese Katzen von Händlern im Geheimen zugebracht worden seien, welche dieselben natürlich in den Straßen und Häusern von London zusammengestohlen hatten. Wie manches Lieblingsthierchen einsam und freudlos dastehender bejahrter Frauen mag wohl unter diesen langsam zu Tode gemarterten Hauskatzen gewesen sein!

Gleiche negative Resultate hatte die Vergiftung von 280 Thieren durch Schlangengift seitens des Dr. Fayrer. Dr. Feinberg und Dr. Prögler überstrichen die abgeschorene Haut von 13 Kaninchen mit

Firniß; die Thiere starben theils in 24, theils erst nach 40 Stunden. Dr. Burdon Sanderson vergiftete Hunde durch fauligen Eiter, den er ihnen in's Blut injicirte. Ein solcher Hund quälte sich noch 7 Wochen hindurch, ehe er an allgemeiner Blutzersetzung starb. Dr. Zalesky schnitt verschiedenen Thieren die Nieren aus und beobachtete dann die ersteren in ihrem langsamen Absterben. Ein solcher Hund mit ausge-

Versuche über Gallenabsonderung von Kagen.

schnittener Niere starb nach 48 Stunden. Professor Nothnagel in Freiburg bohrte die Schädel einer Anzahl von Hunden an und brachte ihnen hierauf durch eine kleine Spritze scharffressende Chromsäure in's Gehirn. Die meisten der Thiere starben am 2. und 3. Tage; sechs davon aber lebten noch bis zum 17. Tage und waren bis dahin fürch= terlich abgemagert. Dr. Chossat sowohl als Dr. Selig unter-

— 20 —

hielten ihren wissenschaftlichen Lerntrieb damit, Hunde und Kaninchen zu Tode zu hungern. Die Kaninchen starben in 5—7 Tagen, die Hunde lebten noch wochenlang. Dr. Legg marterte 16 junge Katzen durch Unterbinden der Gallengänge zu Tode, die Thiere starben erst nach 7, 9, 13, 16, 18, 19 und 20 Tagen. Ein Hund, dem Dr. Perl den Gallengang unterbunden hatte, lebte noch 19 Tage, magerte aber trotz großen unersättlichen Hungers fortwährend ab. Die Professoren

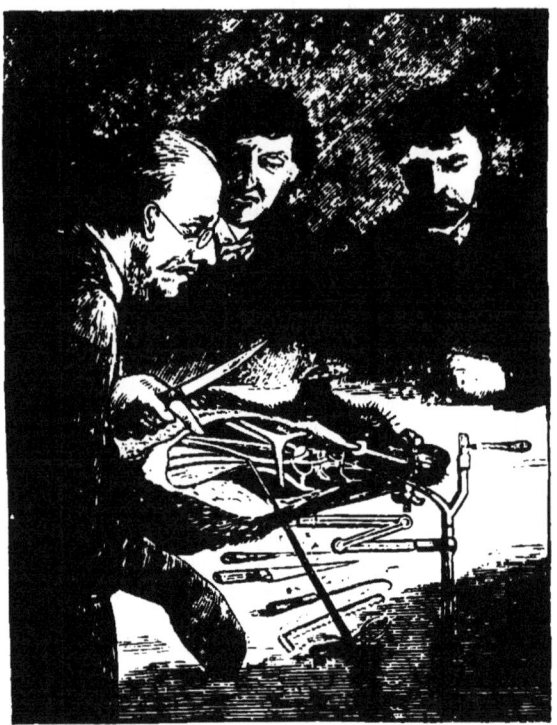

Ein lebendiger Hund während der Vivisection.

Tiedemann, Camelin, Leyden, Golowin und Heinrich Mayer machten die gleichen Versuche, kamen aber wieder auf ganz andere Resultate.

Charakteristisch sind auch die Erstickungs= und Ertränkungsversuche, welche die Professorencommission der kgl. chirurgischen und medicinischen Gesellschaft zu London im Jahre 1860 an 26 Hunden und Katzen vorgenommen hat, um daraus Schlüsse für die Wiederbelebung von ertrunkenen Menschen machen zu können. Einigen der Thiere wurde die Luftröhre mit Stöpseln verstopft, andere wurden gewaltsam unter das Wasser gehalten, eine Katze in einem Käfig unter Wasser getaucht. Alle Thiere starben natürlich in sehr schmerzvoller Weise. Ein Meerschweinchen wurde mit der Nase in eine Schüssel mit Quecksilber getaucht und so erstickt. Einem Hunde wurde das Maul mit Gips umkleistert, so daß er sterben mußte. Und nach allen diesen schändlichen Quälereien mußte die Commission bekennen, daß sie kein praktisch verwerthbares Resultat irgend einer Art damit hatte erreichen können, und daß von der Zeit, wie lange ein Hund es unter dem Wasser auszuhalten vermag, durchaus kein Schluß auf die Dauer der Lebensfähigkeit des Menschen unterm Wasser gemacht werden könne. Ein Mittel zur Wiederbelebung von ertrunkenen Menschen wurde also ebensowenig durch diese als auch durch zahlreiche ähnliche Versuche von anderen Physiologen entdeckt. Der bekannte Vivisector Dr. Reid starb unter fürchterlichen Qualen an einem Zungenkrebs. Er gestand zerknirscht den bein Krankenlager Umstehenden, daß er diese Krankheit als eine Strafe Gottes betrachten müsse, da er gerade an den Zungennerven von Hunderten von ihm zu Tode gemarterter Hunde seine grausamen Studien gemacht hätte.

Mit welcher Frivolität manche Experimente unternommen werden, zeigen die unnützen und offenbar nur zum eigenen Amüsement vorgenommenen qualvollen Versuche, die in § 5621 detaillirt sind. Man hat künstliche „siamesische Zwillinge" schaffen wollen und zu diesem Zwecke bei zwei verschiedenen fest aneinander gebundenen Thieren an der gemeinsamen Berührungsstelle ihre Haut entfernt und gewisse Organe beider Thiere mit einander verbunden, so daß dadurch an gewissen Stellen eine gemeinsame Blutcirculation hergestellt wurde, gerade so wie sie bei zusammengewachsenen Mißgeburten vorhanden zu sein pflegt. Man nahm nur junge Thiere zu diesen Versuchen, damit durch ihr beiderseitiges Wachsthum das neue Arrangement ihrer künstlichen Verbindung mehr Chance hätte, sich sozusagen einzurichten und permanent zu machen. Was für Pein muß dieses Zusammenschweißen den armen Thieren gebracht haben? Und welchen Nutzen haben Wissenschaft und Heilkunde aus solchen Versuchen gezogen?

Was noch besonders einen peinlichen Eindruck auf mich gemacht hat, ist die auf S. 351 des Reports gegebene Beschreibung der üblichen Folterapparate für warmblütige Thiere. Es werden hauptsächlich drei sogenannte „Hundehalter" angewandt, der Czermak'sche, Brunter'sche und Bernard'sche. Alle drei haben das gemein, daß der Hund erst geknebelt und dann in dem eisernen Apparate vollständig festgeschraubt wird; das Maul wird ihm fest zugeschnürt, ein Krummeisen wird auf die Nase niedergeschraubt, so daß das unglückliche Thier, von allen diesen harten und kalten Eisen umklammert, nicht die mindeste Bewegung mehr machen kann. Freilich lieben uns nun die Vivisectoren zu sagen, daß man noch nicht von den Empfindungen, die ein Mensch in einem solchen

Folterapparate haben würde, auf ähnliche Empfindungen seitens eines Hundes schließen dürfte! Indessen was berechtigt sie denn zu einem solchen Zweifel? Geben sie nicht auf der einen Seite die menschenähnliche Organisation der warmblütigen Thiere höherer Klassen zu, indem sie dieselben mit solcher Vorliebe für ihre vivisectorischen Experimente wählen, unter dem ausdrücklichen Vorwande, daraus für die Behandlung des menschlichen Organismus etwas lernen zu können? Und wird nicht namentlich für die nervenphysiologischen Experimente am liebsten der Hund von ihnen gewählt, deshalb weil seine reichen Gehirnwindungen mehr denen des Menschen ähneln als diejenigen anderer Thiere? Ist denn da nach allen Gründen der Analogie nicht zu vermuthen, daß ein munterer und intelligenter Hund — wie es deren so viele gibt — während der Vivisection ganz ähnliche Empfindungen haben muß, als wie ein Professor der Physiologie selbst sie haben würde, den man in eine solche Foltermaschine bewegungslos einschrauben und hierauf stundenlang mit Messern in seinem Kopfe, seinem Rückenmark und seinen Eingeweiden herumwühlen würde?

Bevor die Thiere in die Marterkammer eingeführt werden, läßt man sie in der Regel 18 Stunden lang fasten, damit der Verdauungsproceß den Experimenten nicht irgendwie hinderlich sei. In § 2843 finden wir, daß der englische Vivisector Prof. Rutherford ganz offen vor der Kgl. Commission bekannte, daß er nur bei der Hälfte seiner Experimente die Thiere zu narkotisiren pflege, bei der anderen Hälfte wäre dies unthunlich!

Was mich wahrhaft widerwärtig bei dem Studium des englischen Reports berührt hat, ist noch der Umstand, daß alle von der Commission verhörten Vivisectoren einstimmig behaupteten, daß zu Tode hungern, ersticken, zu Tode lackiren, vergiften, innere Organe, wie Leber, Milz und Nieren ausschneiden u. s. w. den betreffenden Thieren durchaus keine Pein verursachten. So weit hat es die erregte Stimmung des großen gebildeten Publikums in England doch gebracht, daß die wissenschaftlichen Thierquäler aus Furcht vor der Verurtheilung der anständigen Gesellschaft jede Schmerzempfindung der von ihnen gefolterten Thiere möglichst abzuleugnen suchen. Einer wie der Andere von allen diesen Vivisectoren sagte in dem Verhör vor der Commission in emphatischer Weise aus, daß die Männer der physiologischen Wissenschaft in der ganzen Welt lauter humane, zartfühlende Leute seien, sämmtlich weichherzige Engel, und daß Keiner von ihnen es würde über sein Gewissen bringen können, ein Thier unnöthig zu quälen. Nur Einer der Vivisectoren — und dies war ein Deutscher, Professor Klein aus Wien — hatte den Muth oder die Rohheit, die Wahrheit frei herauszusagen, und ihm, aber nicht den Anderen, dürfen wir hierin glauben. Er sagte in seinem Verhör in § 3540: „Ein physiologischer Experimentirer, dessen Aufmerksamkeit ganz durch die wissenschaftliche Seite seines Experimentes in Anspruch genommen wird, hat weder

Zeit noch Lust, sich darum zu bekümmern, was das Opferthier bei seinen Versuchen fühlt." Er wiederholt dies Geständniß in § 3562 und sagt überdies in § 3546 und § 3739, daß es in den physiologischen Laboratorien auf dem europäischen Continente, also in Deutschland, Oesterreich, Frankreich und Italien, allgemein üblich sei, die Schmerzempfindungen der gefolterten Thiere gänzlich zu ignoriren. Dieses schamlose Geständniß eines deutsch-österreichischen Professors hat nicht wenig dazu beigetragen, die deutschen und österreichischen Vivisectoren bei dem großen gebildeten Publikum England's geradezu in Verruf zu bringen. Auch die Verbrennungsversuche darf ich nicht vergessen, wodurch Dr. Wertheim in Wien im Jahre 1867 30 Hunde zu Tode brachte. Nachdem er die Hunde narkotisirt hatte, übergoß er 5 davon neun Mal mit siedendem Wasser, die übrigen 25 mit Terpentinöl, das er neun Mal hintereinander anbrannte. Es wurden dadurch Brust und Bauch bei den 5 ersten Thieren gesotten, bei den 25 anderen gebraten. Die empörende Grausamkeit dieser Versuche lag nun darin, daß ein Theil der Hunde noch bis fünf Tage nach der Verbrennung leben blieb, ohne daß Dr. Wertheim daran gedacht hätte, den aus der Narkose wieder erwachten und über und über mit den schmerzvollsten Brandwunden bedeckten Thieren die Wohlthat eines raschen Todes zuzuwenden. (S. den Jahresbericht der k. k. Rudolfstiftung von 1867, S. 172—183.)

Noch ist es mir für die Humanität der Pariser Vivisectoren recht charakteristisch erschienen, daß, wie wir aus § 2448 ersehen, die gefolterten Thiere, nachdem ihnen der Kopf aufgeschnitten, innere Organe herausgenommen und andere wissenschaftliche Greuelthaten an ihnen verübt worden sind, nach dem Ende der Versuche nicht etwa getödtet, sondern einfach in einen Winkel des Hofes geworfen zu werden pflegen, wo sich dann Niemand um ihre weiteren Qualen kümmert. Und in § 4422 wird uns gesagt, daß gewisse und sehr häufig gemachte Versuche am Rückenmark, z. B. das Zerschneiden desselben, eine außerordentlich erhöhte Sensibilität und Schmerzempfindung der Thiere im Gefolge haben, wenigstens bei Hunden, Katzen und Pferden.

Nun, meine Herren, ich glaube, Sie haben wohl an dieser Blumenlese von actenmäßig festgestellten Beispielen der Vivisection genug. Was lehren uns nun alle diese mit so schändlicher Grausamkeit ausgeführten Versuche, die vor dem Richterstuhle des großen englischen Publikums öffentlich enthüllt worden sind? Jedenfalls das Factum, daß einem großen Theile der Vivisectoren jede Spur von menschlichem Gefühl und Gewissen vollständig abhandengekommen ist, und daß dieselben in lebenden und mit hoher Empfindung, zum Theil auch mit nicht unbedeutender Intelligenz begabten Wesen absolut nichts anderes sehen als die Mittel zur Befriedigung ihrer wissenschaftlichen Neugierde, nichts als Versuchsobjecte, auf deren namenlose Schmerzen und Qualen nicht die mindeste Rücksicht genommen zu werden braucht. Ist es ein Wunder, wenn nach solchen Erfahrungen über die Herzensverhärtung und unglaubliche Grausamkeit von gerade solchen Vivisectoren, welche die berühmtesten unter ihren Fachgenossen waren, unser Vertrauen in die Humanität der ganzen Klasse ihrer Collegen von Grund aus wankend geworden ist? Ist es denn nicht wahrscheinlich, daß dieselben Ursachen, d. h. derselbe fanatische Wissensdurst und die gleiche permanente blutige Uebung und Abstumpfung am Vivisectionstische überall und bei allen Gelehrten, die sich demselben Forschungszweige gewidmet haben, die gleichen Folgen haben werden? Kann man also darüber erstaunen, wenn bei den meisten Vivisectoren die innere Stimme des Gewissens und des natürlichen Menschenherzens und das Bewußtsein ihrer Pflichten gegen die gefolterten Thiere durch den brennenden Durst, sich einen wissenschaftlichen Namen zu machen, mit der Zeit vollständig eingeschläfert und erstickt werden?

Gesetze, meine Herren, werden überall in der Welt nur für die schlechten Menschen gemacht und nicht für die guten; sie sind eben nur nothwendig für solche, die das innere Sittengesetz, das guten und unverdorbenen Menschen von Natur innewohnt, nicht als bindend für ihre Actionen anerkennen. Wenn es daher, wie ich behaupten gehört habe, auch unter den Vivisectoren mitleidige und ihrer Pflichten gegen die Thierwelt bewußte Menschen gibt, so können wir diese doch unmöglich als Norm für die ganze Klasse ihrer Fachgenossen gelten lassen und ihnen zu Liebe dürfen wir nicht auf die Anstrebung von Schutzgesetzen zu Gunsten der gemarterten Thiere verzichten, die gegenüber den Grausamen und Herzensverhärteten unter ihren Collegen so bringend nothwendig sind. Die Wissenschaft an sich wird und kann nichts verlieren, wenn wir, um einen vulgären Ausdruck zu gebrauchen, die Krallen der Bösen und Grausamen unter den Vivisectoren beschneiden und durch vernünftige Gesetzbestimmungen der Vivisection, wenn sie nun einmal nothwendig sein soll, wenigstens einen milderen, humaneren und sittlicheren Charakter zu geben suchen. Im Gegentheil, die guten Menschen unter den Vivisectoren sollten es den Thierschutzvereinen Dank wissen, wenn diese ihnen effective Mittel vorschlagen würden, um alle unnöthige Grausamkeit aus den Vivisectionen zu verbannen und dadurch ihrem eigenen Stande das Vertrauen des großen gebildeten und von sittlichen Ideen beherrschten Publikums wiederzugewinnen.

Gerade die hartnäckige Opposition, welche bis jetzt die Leiter der medicinischen Facultäten jeder Einführung von gesetzlichen Bestimmungen zum Schutze der Opferthiere bei uns entgegensetzten, beweisen uns sonnenklar die bringende Nothwendigkeit, daß wir auf derselben mit Festigkeit bestehen müssen. In jedem Falle sind die schlimmsten und empörendsten unter den Mißbräuchen der Vivisection von derselben trennbar und könnten durch ein ad hoc specialisirtes Thierschutzgesetz beseitigt werden. Nicht der Wissenschaft sollen Fesseln und Zügel angelegt werden, sondern denen, die sich mit dem Mantel der Wissenschaft decken, um dahinter ihren Gelüsten frivoler Neugierde und Entdeckungsmanie unbelästigt und ungestört nachgehen zu können, um an Tausenden von hochempfindsamen lebendigen Wesen in's Blaue hinein herumzuexperimentiren, ohne jeden reellen Nutzen für Wissenschaft und Heilkunde. Was das Traurigste ist, meine Herren, ist das Factum, daß für das langsame Zutodemartern von Thieren, das oft Tage und Wochen lang an einem und demselben Thiere fortgesetzt wird, von den wissensdurstigen Herren mit großer Vorliebe gerade dasjenige Thier gewählt zu werden pflegt, das wegen seiner rührenden Anhänglichkeit und Treue an den Menschen auf den Schutz desselben den ersten Anspruch hat, das in seiner Nervenempfindsamkeit und seinen Seelenkräften menschenähnlichste Thier, der Hund. Und aus welchem Grunde? Das Gutachten der medicinischen Facultät in Zürich sagt es uns mit dürren Worten: weil derselbe das am billigsten zu beschaffende unter den warmblütigen Thieren ist! Welche plebejische Rohheit, welcher schmutzige Geiz von Dienern der Wissenschaft, die ethischen und moralischen Rücksichten nicht die kleinsten Opfer bringen wollen! Augenzeugen versichern, daß die auf den Tisch zur Folterung hingelegten und geknebelten Hunde regelmäßig in ihrer vertrauensvollen Anhänglichkeit an den Menschen noch lange mit den Schwänzen zu wedeln und ihren Henkern noch die Hände zu lecken pflegen, während sie in dem kalten eisernen Apparat festgeschraubt werden — gerade als wenn sie um Gnade flehen wollten!

Seltener werden Pferde zur Vivisection benutzt und dann sind es nur kranke, die etwa bei ihrer Arbeit für die Menschen ein Bein gebrochen, oder alte, die ihr ganzes Leben lang fleißig und unermüdet dem Menschen gedient haben. Indessen in gewissen Thierarzneischulen, z. B. in Alfort bei Paris, werden zur Erlangung manueller Geschicklichkeit der Studirenden an einem und demselben Pferde im Laufe eines oder mehrerer Tage mitunter 30—64 der schmerzvollsten Versuche ausgeführt, worunter sich die quälendsten Manipulationen befinden, wie z. B. Durchbohrung der Stirnhöhlen, Amputation einzelner Glieder, Durchstechung der Augen, Brennen verschiedener Körpertheile, Abreißen der Hufe u. s. w. Der englische Dr. Murdoch berichtet uns folgenden gräßlichen Fall, von dem er in A. Augenzeuge war. Eine kleine im Dienste des Menschen erschöpfte Fuchsstute hatte unglücklicherweise die zahlreichen Torturen eines Tages überlebt und zeigte mit einem Geschöpfe unserer Mutter Erde keine Aehnlichkeit mehr. Ihre Lenden waren aufgeschnitten, die Haut zerrissen, von Brenneisen durchpflügt und mit Dutzenden von Haarseilen durchzogen, die Sehnen durchschnitten, die Hufe abgerissen, die Augen durchstochen. Und in diesem blinden und wehrlosen Zustand wurde die ärmste Creatur noch unter Gelächter auf ihre blutenden Füße gestellt, um den anwesenden Operateuren an anderen 7 Pferden zu zeigen, was menschliche Geschicklichkeit vor Eintritt des Todes alles hatte leisten können!

Meine Herren! es würde für die Thierschutzvereine sehr wichtig sein, in Erfahrung zu bringen, ob ähnliche haarsträubende Thierquälereien, namentlich die Benutzung eines einzigen Thieres zu Experimenten durch eine ganze Klasse von Schülern zur Erlangung von manueller Geschicklichkeit der Schüler, auch in unseren deutschen Thierarzneischulen vorzukommen pflegen? Wäre dies nach Feststellung durch unparteiische Zeugen in der That der Fall, so müßten alle Thierschutzvereine einhellig gegen solche unverantwortliche und haarsträubende Thierquälereien protestiren und von der Regierung bringend die Abhilfe derartiger himmelschreienden Mißbräuche erbitten.

Meine Herren! Die Vertheidiger der Vivisection machen immer viel Wesens von der künstlichen Betäubung, in welche die meisten Thiere vor den Versuchen versetzt würden. Ein Arzt, der vielen Vivisectionen mit beigewohnt hat, versichert jedoch, daß eine solche Betäubung nur eine relativ kurze Zeit vorhalten könne, wenn der Versuch lange dauert und daher in vielen Fällen nur eine Täuschung ist. Ist dies der Fall, so sind die Behauptungen der Hermann'schen Schrift gerade in diesem Punkte unverantwortlich, da sie dem Publikum Sand in die Augen streuen und es über den allerbrennendsten und aufregendsten Punkt der Vivisectionsfrage frivol zu beschwichtigen und einzuschläfern suchen. Ist das Vorgeben einer vollständigen Bewußtlosigkeit und Gefühllosigkeit des Opferthieres während der ganzen Dauer der qualvollen Versuche nur eine Lüge und ein Hocuspocus, so muß diese Unwahrheit vor dem Publikum gehörig aufgedeckt werden, auf die Gefahr hin, daß dadurch die Opposition gegen die Vivisection unter allen gebildeten Laien hundertfach wachsen würde. Die Vertreter der Wissenschaft sind gerade namentlich in diesem Punkte dem Aufklärungsbedürfniß des Publikums volle und ungeschminkte Wahrheit schuldig. Und bei allen nerven=physiologischen Versuchen, die ja heutzutage hauptsächlich an der Mode sind, muß, wie wir wissen, die Narkotisirung der Thiere ohnehin wegfallen, um die Resultate nicht zu schmälern. Auch ist ja bei einer großen Zahl von Experimenten nicht der Schmerz während der Operation der bedeutendste, sondern der nachfolgende dauernde Schmerz in Folge der inneren Verletzungen, und dieser Schmerz kann natürlich durch Narkotisirung nicht beseitigt werden.

Der entsetzlichste aller vivisectorischen Mißbräuche ist aber die Anwendung des Curare. Das C. ist jenes Pfeilgift der Indianer am Orinoco, welches, in das Blut eines thierischen Organismus übergeführt, die Wirkung hat, das System der Bewegungsnerven vollständig zu lähmen und das Thier bewegungslos und daher wehrlos zu einer lebendigen Leiche zu machen, während seine Empfindungsnerven vollständig intact bleiben, ja in ihrer Sensitivität doppelt erhöht werden! In diesem absolut gelähmten, scheintodten Zustande muß nun das unglückliche, regungslos daliegende und durch einen Apparat in künstlicher Athmung unterhaltene Thier stundenlang, oft tagelang die allerfürchterlichsten Qualen über sich ergehen lassen:

stückweise Zerfleischung bei lebendigem Leibe, Aufschneibung des Bauches, Amputation einzelner Glieder, Aufsägung des Hirnschädels, Ausbrennung einzelner Theile des Rückenmarkes u. s. w., also Martern, wogegen die Folterqualen eines Torquemaba nur reines Kinderspiel waren. Kann man sich, meine Herren, einen teuflischeren Mißbrauch der Gewalt des Starken über den Schwachen denken? Wahrlich, wenn solche Schändlichkeiten in den physiologischen Laboratorien fortwährend unbehindert und unbestraft vor sich gehen, so wird einem die Thatsache leicht erklärbar, daß z. B. in Genf die Empörung gegen die Vivisection von Hunden so um sich gegriffen hat, daß der Cavilleur, der von den Vorstehern der physiologischen Versuchssäle 3 Francs für jeden ihnen zugeführten Hund zu erhalten pflegte, von mitleidigen Thierfreunden jetzt 5 Francs für jeden Hund empfängt, dem er den qualvollen Tod durch Vivisection und Curare erspart!

In England, meine Herren, sind durch die Parlamentsacte von 1876 Hunde, Pferde, Esel, Maulthiere und Katzen von der Vivisection ausgeschlossen. Das Parlament hatte den von allen Seiten auf es einstürmenden Petitionen, die von der sittlichen Erregung und Empörung des ganzen gebildeten Theiles der Nation Zeugniß ablegten, endlich trotz aller Opposition der Anhänger der Vivisection nachgeben müssen. Dieses schöne Resultat englischer Humanitätsbestrebungen, deren Priorität sich leider unsere, sich so gern das erste Culturvolk der Erde nennende, deutsche Nation hat entgehen lassen, ist nun freilich in England durch verschiedene Elemente sehr erleichtert worden, die leider bei uns fehlen:
1. durch die gesammte religiöse Richtung der englischen Nation (die allerdings von unseren fortgeschrittenen Vielwissern wegen ihres kirchlichen Beigeschmackes oft lächerlich gemacht wird);
2. durch die warme Theilnahme des hohen Adels und der gesammten Geistlichkeit;
3. durch den Einfluß der gebildeten Frauenwelt (der ja in England ungleich größer ist, als bei uns); endlich
4. durch die große Macht der Presse und der öffentlichen Meinung.

Einmal an's Licht der öffentlichen Besprechung gebracht, erregten die grauenhaften Enthüllungen der Thierschutz-Vereine über die Vivisection einen solchen allgemeinen Sturm in der öffentlichen Meinung, in allen Zeitungen, allen Vereinen, daß die Vivisectoren in ihrem eigenen Interesse zu Concessionen sich gezwungen sahen, wenn sie nicht eine geradezu unerträgliche und von allen Gebildeten geächtete Stellung in der Gesellschaft einnehmen wollten. Es herrscht in England eben nicht jene abgöttische Verehrung der Wissenschaft, die nach dem jesuitischen Grundsatz: „Der Zweck heiligt die Mittel" jede Schändlichkeit, die im Namen der Wissenschaft begangen wird, als entschuldigt erachtet (in majorem scientiae gloriam). Die große Mehrheit der gebildeten Engländer neigt entschieden zu der Ansicht, daß die Grundsätze der

Moral, die Pflichten der Humanität über den Rechten der Wissenschaft stehen, noch vielmehr aber über denen der menschlichen Neugierde und Eitelkeit, die wohl $^9/_{10}$-Theilen der zahllosen und ganz unnöthigerweise immer und immer wieder repetirten Vivisections-Experimente zu Grunde liegen. In Deutschland, Frankreich und den übrigen Ländern des Continents jedoch herrscht leider die entgegengesetzte Ansicht vor, daß das wissenschaftliche Interesse das höchste von allen sei, daß das Wissen im Range über der Humanität stehe, daß es um jeden Preis errungen werden müsse, koste es, was es wolle, und daß alle moralischen, ethischen und christlichen Rücksichten schweigen müssen, wo es sich um eine auch nur ganz entfernte Möglichkeit handelt, vielleicht eine neue wissenschaftliche Entdeckung machen zu können. Und aus diesem Grunde sind bei uns jedem wissenschaftlichen Fanatiker, der sich und seine Eitelkeit geschickt mit dem heiligen Schilde der Wissenschaft zu decken weiß, alle und jede Uebertretungen des moralischen Sittengesetzes erlaubt, seien dieselben auch von solcher Art, daß sie jedes noch natürlich fühlende und noch Empfindungen des Mitleids zugängliche Menschenherz mit Empörung und Grauen erfüllen.

Leider war man in Deutschland bis jetzt in dem absoluten Vertrauen und der blindgläubigen Ehrfurcht vor den Priestern der Wissenschaft immer zu sehr geneigt, sich von den über und über mit schönen Humanitäts-Phrasen gespickten, beruhigenden Belehrungen der medicinischen Facultäten in Ruhe einlullen zu lassen und den Parteigängern einer unbeschränkten Vivisection, von denen ausschließlich solche Gutachten allemal ausgehen, unbedingten Glauben zu schenken, wenn dieselben die Vivisection als eine beinahe harmlose, jedenfalls aber für die Wissenschaft und die Heilkunde ganz unentbehrliche Uebung darstellten, deren letzte Folgen dem Wohle der Menschheit zu gute kämen. In England ist die Hohlheit und Leerheit alles dieses vivisectorischen Phrasengeklingels längst aus den Reihen der ärztlichen Fachmänner selbst nachgewiesen und widerlegt worden, und können dergleichen Sirenenstimmen das einmal erwachte öffentliche Gewissen nicht wieder in Schlaf einwiegen. Die Grausamkeit wird dort mit Recht als das größte aller menschlichen Laster betrachtet, als ein Attribut, das man sich zwar bei Wilden, bei Aschantis und Rothhäuten, gefallen läßt, das man aber bei europäisch erzogenen Culturmenschen für schandbar und entehrend hält. Geheimnisse der Natur, die sich nur ausschließlich auf dem Wege der Grausamkeit enthüllen lassen, sollen lieber so lange verhüllt bleiben, bis man sie auf weniger verwerflichen Wegen entschleiern kann; so denkt wenigstens das humane englische Publikum. Der Grund der Nützlichkeit kann und darf nicht alle und jede Schandthaten entschuldigen. Wo wäre denn dann die Grenze des Erlaubten? Haben doch in früheren Zeiten französische Aerzte in Montpellier zum Tode verurtheilte Verbrecher vivisecirt, auch auf den Grund der wissenschaftlichen Nützlichkeit hin. Der mensch=

liche Forschungstrieb ist eine schöne und edle Eigenschaft, aber er hört auf, lobenswerth zu sein in allen solchen Fällen, wo er nur noch auf dem Wege der empörendsten Grausamkeit unser Wissen vorwärts bringen kann. Könnte nicht auf den bloßen Grund der Nützlichkeit ein fanatischer Vivisector auch die Berechtigung in Anspruch nehmen, Idioten, oder mißgestaltete neugeborne Kinder, oder etwa australische Neger zu vivisecieren? Welchen immensen Nutzen müßten nicht solche Versuche der Wissenschaft bringen? Oder haben solche menschliche Wesen, wie ich sie hier anführte, der Affenmensch z. B., der neulich hier auf der Seestraße gezeigt wurde, mehr Intelligenz, als ein St. Bernhards= hund, der einem halben Hundert von Menschen das Leben rettete, oder

Nach der Natur photographirt.)
Sollen Thiere wie dieses lebendig zerschnitten werden dürfen?

einer jener Hunde, die wir zuweilen auf Messen so viele erstaunliche Kunststücke machen sehen? Nein, meine Herren, weil eine Tortur, eine Folterung, uns für gewisse wissenschaftliche Zwecke nützlich erscheint, deshalb dürfen wir sie noch nicht für moralisch erlaubt betrachten — wenigstens nicht dann, wenn sie ohne die furchtbarsten Schmerzen von hochentwickelten und empfindsamen höheren Thieren nicht in's Werk gesetzt werden kann. In allen Fällen, wo die Interessen der Wissenschaft mit den Verpflichtungen der Humanität in Conflict gerathen, da sollen die Interessen der Humanität, als die unbedingt höher stehenden, den Vorrang erhalten. Und wir wollen lieber auf gewisse wissenschaftliche Resultate (deren Bedeutung übrigens von den Anhängern der Vivisection ganz unge= bührlich überschätzt wird) verzichten, als deshalb den Fluch ruchloser Grausamkeit auf uns laden. Es liegt wirklich viel Wahres darin, wenn Herr Jesse, der Präsident der Gesellschaft zur gänzlichen Ab= schaffung der Vivisection, sagt: „Keine wissenschaftliche Rüstung wird jemals genügen, um die Menschen von den Folgen der Thorheit, des Lasters, der Unwissenheit und der Unsauberkeit zu befreien, welche unsere meisten Krankheiten erzeugen. Thiere zu foltern, um den natür= lichen Strafen unserer eigenen Laster und Fehler zu entgehen, ist ein unvernünftiger und unsittlicher Weg. Wir streben dadurch die Wirkungen zu beseitigen, aber nicht die Ursachen. Die Verwilderung und Erniedrigung des Geistes, die aus der Gewöhnung an solche Grausamkeit folgt, äußert noch nach vielen anderen Richtungen hin die verderblichsten Folgen."

Meine Herren! Mit Anhängern der Vivisection durch mündliche Discussion eine Verständigung zu suchen, würde ein gänzlich aussichtsloses Beginnen sein. Wir gehen eben von ganz verschiedenen Basen und Grundanschauungen aus. Sie sagen: „Die Thiere sind unser absolutes und unbeschränktes Eigenthum, absolute Sachen im civilrechtlichen Sinne des Wortes"; von Rechten der Thiere auf unsere Schonung und gute Behandlung zu sprechen, erscheint ihnen daher als eine bodenlose Lächerlichkeit. Wir dagegen sagen: „Unser Eigenthumsrecht auf die Thiere ist kein absolutes und bedingungsloses, sondern wir haben denselben, als lebendigen, mit Empfindung und Seele begabten Wesen, gegenüber eine gewisse Summe von Verpflichtungen, deren Minimum darin besteht, daß wir sie nicht quälen dürfen." Wir betrachten daher jede Grausamkeit gegen die Thiere, unter welchem wissenschaftlichen Vorwande sie sich auch verstecke, als ein Verbrechen, als eine absolut schlechte Handlung, als einen brutalen und sündlichen Mißbrauch der Gewalt des Starken über den Schwachen. Und je höher das Thier steht, je menschenähnlicher dessen Seelenkräfte sind, desto mehr empört uns jede demselben zugefügte grausame Behandlung. Den Fanatikern der Wissenschaft ist in Folge ihrer fast alltäglichen blutigen Uebung am Vivisectionstische jedes sittliche Gefühl von Recht und Unrecht — insoweit dasselbe sich auf ihre Actionen gegen die Thierwelt bezieht — vollständig abhanden gekommen, und sie sind daher moralisch gänzlich unzurechnungsfähig geworden. Unser Mitleid für die in ihren Versuchssälen gefolterten Opfer wird daher im Gutachten der Züricher medicinischen Facultät sehr charakteristisch als weichliche Gefühlsverschwommenheit bezeichnet. Dr. Hermann hat sogar die Schamlosigkeit, die Gegner der Vivisection hysterische Weichlinge und Pharisäer zu schimpfen, die nur Menschenblut, aber kein Thierblut sehen könnten, und die edlen englischen Frauen, die Mitglieder der Vereine gegen Vivisection sind, nennt er verächtlich fanatisirte Betschwestern! Nebenbei ist es ein Lieblingsargument der Vertheidiger der Vivisection, die in allen civilisirten Ländern heutzutage übliche Castration der Hausthiere mit derselben auf gleiche Linie zu stellen, als wenn der kurze Schmerz jenes so rasch vorübergehenden Actes im Entferntesten mit den grauenhaften, so lang hingezogenen und zu einem qualvollen Tode führenden Martern der Vivisection verglichen werden könnte! Es ist dieses dem Publikum gegenüber ein ebenso unwürdiger Täuschungsversuch, als die folgende groteske Behauptung des Dr. Hermann: „Wenn einmal die Thierwelt absolut in Schutz genommen werden sollte, müßte der Schutz des Menschen sich ja auf alle, auch auf die niedersten Thiere erstrecken, auf Infusorien, Insecten, Fische u. s. w., auf den Schutz der Käfer gegen die Vögel, der Mäuse gegen die Katzen u. s. f." Meine Herren! mit solcher unsinnigen und böswilligen Verdrehung und der Zumuthung von dergleichen Lächerlichkeiten die edlen Bestrebungen der Thierschutzvereine in der öffentlichen Meinung discreditiren zu wollen, dürfte den Fanatikern der Vivisection denn doch wohl nicht gelingen. Es ist aber recht charakteristisch zu sehen, zu was für Mitteln der Unwahrheit und gewissenlosen Uebertreibung dieselben ihre Zuflucht nehmen.

Wenn übrigens die Vertheidiger der Vivisection uns fortwährend unisono zurufen: „Ihr seid Laien und keine Sachverständigen, nur Sachverständige haben ein Urtheil über den Werth der Vivisection", so möchten wir ihnen dieselbe Antwort zurückgeben: „Und Ihr seid entschieden Laien und keine Sachverständigen in Sachen der Moral, der Ethik und der Humanität und dürft daher in ethisch-moralischen Fragen, zu denen die Vivisectionsfrage doch unbedingt auch gehört, ebensowenig mitreden. Wollt Ihr fortfahren, der öffentlichen Stimme zu trotzen, welche unbedingt die Grausamkeit, in welchem Gewand sie sich auch zeige, verdammt, so sollte der Staat als Vertreter des öffentlichen Sittengesetzes Euch zwingen, Eure Ansichten der öffentlichen Stimme unterzuordnen und Euch Selbstbeschränkungen aufzuerlegen, denn das öffentliche Bewußtsein, das sittliche Gefühl der Majorität der Gebildeten steht über den Rechten des Einzelnen, wie privilegirt auch seine Stellung sein möge, und die Pflichten der Humanität stehen über den Prätensionen wissenschaftlicher Experimentir-Manie."

Lassen Sie mich nun, meine Herren, Ihnen einige Mittheilungen über den heutigen Stand der Agitation gegen die Vivisection in England machen. Es gibt in London fünf Thierschutzgesellschaften:

1. Die große Gesellschaft zum Schutze der Thiere in Jermyn-Street, die vor 50 Jahren unter dem Spott und Gelächter aller frivolen Menschen gegründet wurde, seitdem aber trotzdem eine solche Ausdehnung gewonnen hat, daß ihre Filialvereine jetzt über die ganze Welt verstreut sind. Sie hatte im letzten Jahre eine Einnahme von 257,321 M.

2. Die Gesellschaft zum Schutze der Thiere gegen Vivisection in Victoria-Street unter Vorsitz des berühmten Staatsmannes Earl Shaftesbury. Vicepräsidenten sind der protestantische Kirchenfürst, der Erzbischof v. York, der katholische Kirchenfürst, der Cardinal Manning, der Prinz Lucian Bonaparte und verschiedene Lords, Parlamentsmitglieder und Bischöfe. Diese Gesellschaft hatte im letzten Jahre eine Einnahme von 18,000 M.

3. Die Gesellschaft zur gänzlichen Unterdrückung und Abschaffung der Vivisection. (Präsident Jesse.) Diese Gesellschaft hatte im letzten Jahre eine Einnahme von 19,570 M.

4. Die Internationale Gesellschaft \
5. Die Gesellschaft in Brompton Road ∫ gegen Vivisection.

Drei Gesellschaften zur gänzlichen Unterdrückung der Vivisection haben sich ferner in Dublin, in Edinburgh und in Philadelphia gebildet. Hoffen wir, daß es den Bestrebungen der großen Londoner Gesellschaften, die sich glücklicherweise der regsten persönlichen Theilnahme der guten und edlen Königin Victoria erfreuen, ihr Ziel erreichen werden, den Altar der Wissenschaft von den schrecklichen Folter- und Marterwerkzeugen und dem permanenten Blutgeruch, die denselben bis jetzt schändeten, auf die Dauer zu befreien und dadurch die Achtung und Sympathie für die Männer der Wissenschaft in dem von sittlichen Gefühlen beherrschten großen gebildeten Publikum von Neuem wieder herzustellen. Recht charakteristisch ist in England die Thatsache, daß viele Personen, namentlich Damen, entschieden den ärztlichen Beistand von allen solchen Doctoren der Medicin verschmähen, von denen es bekannt ist, daß sie Vivisectionen ausgeführt haben, da sie mit Recht die demoralisirenden Folgen einer solchen Beschäftigung fürchten. Ein bekannter englischer Schriftsteller sagt, daß Nichts so geeignet ist, den schlafenden Teufel in jedem Menschen zu wecken, als die Beschäftigung mit der Vivisection. Die Entdeckungswuth wächst mit jedem mißlungenen Versuche und verdrängt zuletzt alle anderen Rücksichten, sie wird zu einer wahren Manie, und alles Mitleid wird durch sie allmälig vollständig bei Seite gedrängt und ertödtet. Welcher Patient möchte sich noch einem solchen herzlosen Probirfanatiker anvertrauen?

Wie kommt es nun aber, daß in Deutschland eine so auffallende Indifferenz hinsichtlich der Vivisectionsfrage herrscht, während in England die Erregung über dieses Thema eine so allgemeine ist? Ich glaube, es kommt einfach davon, daß bei uns in Deutschland noch die wenigsten Leute überhaupt wissen, was Vivisection ist. Die Presse, namentlich die Tagespresse, hat eben bei uns noch nicht sich damit abgegeben, die Greuel des Vivisectionstisches aus ihrem geheimnißvollen Dunkel zu reißen und an das Licht der öffentlichen Beurtheilung zu bringen. Es ist Zeit, daß dies endlich geschehe. Und wer anders hat die Verpflichtung, hierfür zu sorgen, als die Thierschutzvereine? Sind nicht alle die übrigen in unserer Culturwelt gebräuchlichen Thierquälereien nur eine Kleinigkeit gegen die entsetzlichen Martern der Vivisection? Ein Thierschutzverein, der sich scheut, an die himmelschreienden Mißbräuche der Vivisection zu rühren, würde, um den bekannten biblischen Ausdruck zu gebrauchen, Mücken seigen, aber dabei Kameele verschlucken. Meine Herren! Der Schutz der Thiere gegen die Vivisection scheint mir viel wichtiger, als alle übrigen Thierschutzbestrebungen und ist recht eigentlich eine Lebensfrage für die Thierschutzvereine und ein Probirstein für die Aufrichtigkeit ihrer Mitglieder. Namentlich halte ich es für eine Pflicht solcher Thierschutzvereine, die, wie der unsere, ein so allgemeines Ansehen genießen und ein reiches Vermögen zu ihrer Disposition haben, in dieser Sache den übrigen Vereinen voranzugehen und jene ängstliche Scheu vor einer Agitation gegen die Vivisection abzulegen, die daran schuld ist, daß noch heute in Deutschland und Oesterreich die grausamsten Vivisectionsmethoden in Gebrauch sind, ohne daß dagegen je ein lauter und vernehmlicher öffentlicher Protest seitens eines Thierschutzvereines eingelegt worden wäre. Wer mir diese That= sache nicht glauben will, den muß ich ausdrücklich auf den Report der englischen Untersuchungs=Commission von 1876 verweisen, namentlich auf die Examination des österreichischen Professors der Physiologie, Dr. Klein, über dessen Enthüllungen sich selbst die englischen Vivisectoren wun= derten und indignirten.

Welche speciellen Maßregeln wären nun wohl aber zunächst den deutschen Thierschutzvereinen vorzuschlagen, um endlich die so nothwendig gewordene Agitation gegen die Mißbräuche der Vivisection zu beginnen?

Zunächst müßte jeder Verein, dem es Ernst ist um den Schutz der Thiere, innerhalb seines Kreises ein Sub=Comitee bilden, das sich speciell mit der Vivisection zu befassen hätte. Diesem Sub=Comitee wäre für seine Zwecke ein Theil der Einnahmen des Vereines zur Verfügung zu stellen. Das Sub=Comitee hätte nach englischem Muster eine Agitation zur Beschränkung und Humanisirung der Vivisection zu beginnen. Diese müßte bestehen:

1. Im Ansammeln und Veröffentlichen von allen Beispielen un= menschlicher Grausamkeit, die sich alljährlich sehr zahlreich in unseren neuen medicinischen Werken und Fachzeitschriften werden auffinden lassen;

2. Im Verbreiten antivivisectioneller Schriften und Bücher. Humane Schriften, die etwas kosten, haben keine Aussicht, unter dem phlegma= tischen großen Publikum Verbreitung zu finden; nur was demselben gratis geliefert wird, wird von ihm gelesen;

3. Im unermüdlichen Verbreiten von Flugblättern und Zeitungs= inseraten. Dies ist eines der mächtigsten Mittel der Agitation und hat in England die glänzendsten Erfolge gehabt. Die zahlreichen Flugblätter der Londoner Thierschutzvereine werden in allen Zeitungen veröffentlicht, in alle Hausbriefkästen eingeworfen, in Hotels und Restaurationen, Eisenbahnwaggons und Dampfschiffskajüten herumgestreut und auf diese Weise zur allgemeinen Kenntniß des großen Publikums gebracht. Haupt= sache ist eben, daß die Blätter dem Publikum nichts kosten dürfen; sollte es dieselben kaufen, so würde nicht der tausendste Theil davon gelesen werden. Was namentlich in England guten Erfolg gezeigt hat, ist das Anschlagen von großen Bildern, welche die Greuel der Vivi= section behandeln, an den Straßenecken, an den Anschlagesäulen, in den Bahnhöfen, Hotels und Restaurationen. Ich habe einige von solchen Bildern hier, freilich in verkleinertem Maßstabe, und bitte Sie, dieselben in Augenschein zu nehmen. Wie warm spricht nicht das kleine Bildchen mit dem Hund, der die Tabakspfeife im Maule und ein Glas Bier vor sich hat, zu dem Beschauer, und wie passend erscheint darauf die An=

sprache: „Sollen solche Thiere lebendig zerschnitten werden dürfen?" Ebenso das Bild des treuen Hundes, der auf dem Grabe seines Herrn scharrt und davon nicht wegzubringen ist, und das des großen Neufoundländers, der schon Dutzende von Menschen vom Ertrinkungstode gerettet hat. Es muß ein ganz herz- und gefühlloser Barbar sein, der ruhig und gleichgiltig solche, mit so tiefem Gemüthe begabte Hausthiere den furchtbaren Martern der Vivisection ausgesetzt sehen kann, nur ein Mensch, in dessen Seele jedes Moralgefühl vollständig erstickt ist.*)

Das letzte Ziel der Agitation der Thierschutzvereine — ich sage das letzte, da nicht eher daran gedacht werden kann und darf, als bis die öffentliche Meinung der Nation gehörig durch Presse und Flugschriften darauf vorbereitet worden ist — müßte die gemeinsame Einreichung einer Petition an den Reichstag sein, zu welcher sich alle deutschen Thierschutzvereine vereinigen müßten. **Diese Petition müßte die gänzliche gesetzliche Abschaffung der Vivisection beantragen**, als das einzige logisch richtige und wirksame Mittel, den schändlichen Grausamkeiten, die von der Ausübung einer jeden Vivisection untrennlich sind, ein für allemal ein Ende zu machen. Alle diejenigen Thierschutzvereine aber, denen diese Forderung als zu weit gehend oder vielleicht als unerreichbar erscheint, sollten sich mindestens über die folgenden, der Hauptsache nach dem bisherigen englischen Vivisectionsgesetze entnommenen Punkte vereinigen:

1. Quälende Experimente an lebenden, warmblütigen Thieren der höheren und höchsten Gattungen dürfen nur in solchen Fällen vorgenommen werden, wo ein werthvoller neuer Gewinn für die medicinischen Wissenschaften nachweislich und zweifellos in Aussicht steht.

2. Dieselben dürfen nur ausgeführt werden an registrirten Stellen und

3. Nur von solchen Personen, die dazu competent und vom Ministerium mit specieller Erlaubniß dazu versehen sind. Alle vivisectorischen Experimente von Privatpersonen, namentlich aber von Studirenden und Schülern, sind bei hohen Gefängniß-, nicht Geldstrafen, zu verbieten.

4. Alle Experimente müssen genau registrirt und ganz detaillirt veröffentlicht werden, damit einestheils das große gebildete Publikum den Werth derselben beurtheilen könne, anderntheils der ewigen Wieder-

---

*) Die Geschichte berichtet uns von den größten Männern und Helden, die mit ganzer Seele ihre treuen Hunde liebten und durch deren Tod auf das Tiefste betrübt wurden. Und auch unter uns gewöhnlicheren Menschen dürfte wohl die große Mehrzahl von freundlichen Gefühlen für das intelligente Geschlecht der Hunde beseelt sein und ihnen allen möglichen Schutz gegen vivisectorische Todesqualen wünschen. Und wenn die Vivisectoren keine Rücksicht auf die Hunde nehmen wollen, so sind sie wenigstens uns Menschen Rücksichten schuldig, die wir uns für die Hunde interessiren und verwenden. Ich selbst könnte ein langes Lied von der Anhänglichkeit der Hunde singen, da 3 Hunde in den südafrikanischen Wildnissen 4 Jahre lang mein Zelt, meinen Wagen und mein sonstiges Eigenthum treu bewachten.

holung ein und desselben Experimentes an verschiedenen Orten vor=
gebeugt werde.

5. Nur besonders befähigte Personen dürfen die Erlaubniß zu
Vivisectionen erhalten, damit den vielen Stümpern und Schwachköpfen,
die sich durch Experimente berühmt machen wollen, und deren Versuche
nie etwas nützen, das Handwerk gelegt werde.

6. Die Thiere müssen während der ganzen Dauer der Versuche
bis zur absoluten Gefühllosigkeit narkotisirt sein, nicht nur während

Experimente über Speichelabsonderung ohne künstliche Betäubung.

eines Theiles der Versuche. Diese Bestimmung würde den Barbaren
der Wissenschaft gegenüber eine der allerwichtigsten sein.

7. Falls der Schmerz nach dem Erwachen fortdauern würde, oder
das Thier ernstliche Verletzungen erlitten hat, muß es noch vor dem
Erwachen aus der Narkose getödtet, nicht aber zu neuen Martern auf=
gehoben werden.

8. Curare und überhaupt alle bloßen Lähmungsmittel, welche die
Empfindungsnerven unberührt lassen, dürfen bei keinem der Versuche in

Anwendung kommen. Ueberhaupt müßte der Verkauf von Curare ähnlichen Beschränkungen unterworfen werden, wie der von Dynamit und ähnlichen Stoffen, am besten wäre es, wenn derselbe ganz vom Staate verboten würde.

9. Hunde und Pferde, überhaupt alle höher stehenden Hausthiere, die dem Menschen ihr ganzes Leben lang treu und unermüdlich für seine Zwecke dienen und durch den Menschen gewissermaßen zu civilisirten Thieren geworden sind, sollen ein für alle Male von der Vivisection ausgeschlossen sein.

10. Sehr quälende vivisectorische Experimente dürfen nicht als Illustrationen medicinischer Vorlesungen und Vorträge dienen. Ganz richtig hat ein berühmter Engländer darauf hingewiesen, daß es gerade so gut wäre, wenn man zur Illustration eines Vortrags über die Culturgeschichte des Mittelalters vor den Augen der Zuhörer einen Menschen zu Tode foltern wollte. Und über die tief demoralisirenden Folgen, die das Zuschauen bei solchen Experimenten für junge Studirende unvermeidlich nach sich zieht, waren die Stimmen sämmtlicher vor der Königlichen Untersuchungs-Commission in London verhörten Gelehrten einhellig. Die Engländer erklären die vielfach von den Verhörten behauptete größere Rohheit und Fühllosigkeit der continentalen Hospitalärzte hauptsächlich aus dem abstumpfenden Einflusse der Vivisection.

11. Sehr quälende Experimente dürfen nicht zur Erlangung von manueller Geschicklichkeit angestellt werden. Auch hierüber sind in England alle Doctoren einig.

12. Die Veröffentlichung entschieden grausamer Experimente muß den Verüber derselben straffällig machen. Eine solche Bestimmung würde bei einiger Wachsamkeit der Thierschutzvereine sehr erfolgreich sein, um unzähligen, blos aus Eitelkeit und Ehrgeiz unternommenen unnützen Versuchen künftig vorzubeugen.

13. Alle Vivisectionssäle sollen den legalen Vertretern der Thierschutzvereine zu jeder Zeit zu freier Besichtigung offen stehen, ohne vorherige Anmeldung und Erlaubnißertheilung. Diese Bestimmung würde eine Ueberwachung der physiologischen Laboratorien im Sinne des Thierschutzes außerordentlich erleichtern. Alle Experimente zu überwachen, würde freilich ein Ding der Unmöglichkeit sein. Allein die gesetzliche Bestimmung, daß grausame Versuche straffällig sind, würde schon an sich viel Gutes wirken, da die Gefahr einer Entdeckung immer wie ein Damoklesschwert über den gefühllosen Thierpeinigern schweben und schon die Rücksicht auf ihre Zuhörer, die Zuschauer und Laboratoriumsdiener sie zu milderen Vivisectionsmethoden veranlassen würde. Ich kann den Gebrauch einer der englischen Antivivisections-Gesellschaften nur billigen, welche durch regelmäßig wiederholte Zeitungsinserate allen bei Vivisectionen gegenwärtigen Personen namhafte Geldbelohnungen verspricht für jede Anzeige von eclatanter vivisectorischer Grausamkeit, deren Wohlbegründetheit hintennach bewiesen werden kann. Diese Gesellschaft

bezahlt auch eigene männliche und weibliche Polizeiorgane, deren specielle Aufgabe es ist, verbrecherische Uebertretungen des neuen Vivisections-Gesetzes zu entdecken.

Meine Herren, wenn sich die deutschen Thierschutzvereine nach allem Dem, was wir jetzt über die Greuel der Vivisection wissen, nicht endlich entschließen wollen, die monströsen Grausamkeiten der Vivisectoren vor ihr Forum zu ziehen, um auf ernstliche Mittel zur Abstellung derselben zu sinnen, dann würden unsere Vereine Bäumen ohne Früchte und Kriegsmännern ohne Armee gleichen, denn ich wiederhole es: die Thierquälereien, die so massenhaft unter dem Aushängeschilde der Wissenschaft begangen werden, sind hundertmal schlimmer, als alle übrigen, die in der Welt vorkommen, und meinen wir es ernst mit unseren Bestrebungen für den Thierschutz, so ist es für uns eine unabweisbare Pflicht, endlich eine energische Agitation zur Controle und Humanisirung der Vivisection zu beginnen. Namentlich aber möchten alle deutschen Aerzte die Worte beherzigen, die der berühmte Lord Carnarvon, der englische Staatsminister für die Colonien und zugleich Präsident der großen englischen Thierschutzgesellschaft, an die Aerzte England's richtete: „Ich appellire an die Mitglieder des ärztlichen Standes, für die Niemand eine höhere Achtung hegt, als ich, ob es nicht für alle unter ihnen, denen ihr Charakter als Christen und als Gentlemen am Herzen liegt, endlich an der Zeit ist, jede auch nur stillschweigende Gemeinschaft mit den Verübern jener vivisectorischen Greuel zu desavouiren, die schamlosen Thierquäler aus ihrer Gesellschaft auszustoßen und ihre eigene ehrbare Profession von den Schandflecken zu reinigen, mit denen die Greuelthaten jener sich wissenschaftliche Forscher nennenden Barbaren sie besudelt haben!"

P. S. Allen Thierfreunden, die sich für das Thema der Vivisection interessiren, wird die Durchlesung und Verbreitung der folgenden drei vorzüglichen Schriften auf das Wärmste anempfohlen:

1. Die Vivisection, ihr wissenschaftlicher Werth und ihre ethische Berechtigung, von *IATPOΣ*, Leipzig 1877, J. A. Barth. Preis 2 Mark. (Von einem norddeutschen Doctor der Medicin.) (Mehr wissenschaftlich.)
2. Die Vivisection. Ist sie nothwendig oder zu entschuldigen? Preisschrift von G. Flemming, Berlin 1870, Theobald Grieben. Preis 75 Pfge. (Mehr populär.)
3. Gemma, oder Tugend und Laster. Novelle von Elpis Melena, München 1877. G. Franz. 2 Mark.

Ich möchte die Lectüre dieser letzteren fesselnden Schrift namentlich allen deutschen Frauen angelegentlichst empfehlen. Möchten dieselben doch ihre englischen Schwestern sich zum Muster nehmen, deren einstimmige Verurtheilung der Vivisection so viel dazu beigetragen hat, jenseit des Canales den Cultus der wissenschaftlichen Grausamkeit zu beschränken und die, Moral und Humanität mit Füßen tretenden, Fanatiker der physiologischen Forschung an den Pranger der öffentlichen Schande zu stellen, so daß dieselben in ihrem eigensten Interesse, aus Rücksicht auf ihre gesellschaftliche Stellung, sich zu Concessionen gezwungen sahen, wodurch immerhin das Loos der armen Opferthiere in England wesentlich verbessert worden ist.

II.

Die lebhafte Sympathie, mit welcher dieser Vortrag in deutschen Thierschutzkreisen aufgenommen worden ist (wie aus sehr zahlreichen, mir zugegangenen Zuschriften hervorgeht), der große Anklang ferner, welchen derselbe auch in anderen Ländern gefunden hat, und der schon darin sich documentirt, daß der Vortrag bereits in's Englische übersetzt und in der Zeitschrift des großen Londoner Thierschutzvereins (the Animal World) veröffentlicht, überdies jetzt auch noch in's Polnische, Italienische, Dänische und Französische übertragen worden ist — diese erfreulichen Zeichen der Theilnahme des großen gebildeten Publikums veranlassen mich, meinen Vortrag nunmehr in Form einer Broschüre dem Buchhandel zu übergeben, damit er dem großen Publikum allgemein zugänglich werde. Zugleich halte ich es für zweckmäßig, hier noch den folgenden Nachtrag beizufügen.

Die Hauptschwierigkeit bei einem Auftreten gegen die Vivisection oder gar bei einer öffentlichen Agitation gegen dieselbe liegt in der immer zunehmenden Abgötterei, die das Publikum mit der Wissenschaft treibt. Der Cultus der Wissenschaft ist natürlich ein edler und berechtigter, aber seinen fanatischen Ueberstrebungen müssen wir aus denselben Gründen entgegentreten, aus denen wir jede Form des Fanatismus, als etwas ethisch Gefährliches, bekämpfen. Das Gerechte gewisser socialistischer Aspirationen wird ja auch z. B. theils vom christlichen, theils vom ökonomischen Standpunkt bereitwillig anerkannt. Sobald aber dieser Cultus socialistischer Lehren zu fanatischen Excessen führt, besinnen wir uns keinen Augenblick, unserer Mißbilligung und unserem Unwillen durch Wort und That Ausdruck zu geben. Warum thun wir das nicht auch in Betreff der Vivisection, als eines unmoralischen Auswuchses der Wissenschaft? Man halte jeden Cultus heilig, aber man bekämpfe Aberglauben, Fanatismus und Götzendienst, in welcher Form dieselben auch auftreten mögen!

Das Laienpublikum kann nicht oft genug daran erinnert werden, daß seine gläubige Ehrfurcht vor der Wissenschaft von den Hohenpriestern derselben in eigenthümlicher Weise ausgebeutet wird. Es geschieht dies durch gewisse, theils rhetorische, theils ethische Kniffe (ich finde dafür keinen passenderen Ausdruck), welche dem Publikum ganz unbekannt sind, die aber in der Zunft sozusagen öffentliches Geheimniß geworden sind, d. h. man weiß von ihnen, ohne davon zu reden. Diese Kniffe bestehen darin, daß

1. **Vivisectoren** eifrig bemüht sind, **Mitglieder von Thier-schutzvereinen** zu werden,
2. daß man in Einem Athem von **Curare** und **Anaestheticis** spricht,
3. daß man in Einem Athem von **Physik** und **Physiologie** spricht, als seien beide Wissenschaften in demselben Sinne, und
4. daß man sich vor dem Publikum den Anschein gibt, als glaube man noch an die große Wirksamkeit und Unentbehrlichkeit medicinischer Behandlung.

Zu 1. Es wäre thöricht und ungerecht, leugnen zu wollen, daß die Vivisectoren keine Freude an den Leiden ihrer unglücklichen Opfer haben und daß sie insofern bona fide Mitglieder eines Thierschutz-vereins werden können. Aber verdächtig ist eine solche Mitgliedschaft immerhin, und die Thierschutzvereine thäten wohl gut, den Eintritt in ihre Verbindung an gewisse Bedingungen zu knüpfen, die es schwer oder unmöglich machen würden, die Mitgliedschaft zu pharisäischen Zwecken zu mißbrauchen. Der Umstand, daß Anhänger und Kämpfer für eine freie und unbeschränkte „wissenschaftliche" Thierquälerei sich inmitten der Mitglieder mancher Thierschutzvereine befinden, wirkt ungemein lähmend auf die Thätigkeit solcher Vereine. Ich muß gestehen, daß das Aufnehmen von Vivisectoren und unbedingten Partisanen einer „freien Vivisection" innerhalb von Vereinen, die den **Schutz der Thiere** auf ihre Fahne geschrieben haben, mir beinahe so vorkommt, als wenn man in einem „Tugendbunde", einem Vereine zu gegenseitiger sittlicher Veredlung, einen notorischen Anthropophagen, oder in einer Gesellschaft zum Schutze der christlichen Kirche einen fanatischen Derwisch aus Mekka oder Medina als Mitglied dulden wollte! Ich möchte es allen deutschen Thierschutz-vereinen dringend anempfehlen, den Eintritt in ihre Gemeinschaft von der vorherigen Unterschrift der folgenden, von Herrn Kühtmann in Bremen für die sämmtlichen Mitglieder des „großen deutschen Reichs-bundes zum Schutze der Thiere" formulirten Zeilen abhängig zu machen: „Ich trete dem Thierschutzvereine zu . . . . bei und verpflichte mich durch meine Namensunterschrift, nie in meinem Leben ein Thier zu quälen und auch zu verhindern, wo ich kann und wie ich kann, daß Thiere von Anderen gequält werden."

Zu 2. Die neuesten physiologischen Zeitschriften und Bücher des deutschen Reiches constatiren die für Freunde des Thierschutzes überaus peinliche Thatsache, daß das Curare, dieses bequeme, aber so unsäglich grausame und moralisch absolut verdammungswürdige Mittel, um die unglücklichen, lebendig zu zerschneidenden Opferthiere bewegungslos und wider-

standslos zu machen, in unseren sämmtlichen deutschen
Laboratorien heutzutage eine ganz allgemeine und fast
ausnahmslose Anwendung findet. Durch diese einfache Thatsache,
die in jedem Bande von Pflüger's Archiv durch zahlreiche Beispiele
klar constatirt ist, fallen alle von Prof. Hermann in seiner bestechenden
und phrasenreichen Schrift aufgestellten Behauptungen zur moralischen
Ehrenrettung der Vivisection in sich selbst zusammen, und die so em=
phatisch von ihm vorgeschützte Schmerzlosigkeit der meisten physiologischen
Experimente enthüllt sich als eine auf die bloße Täuschung und Be=
schwichtigung des großen Laienpublikums berechnete Unwahrheit. Ebenso
erweist sich hiernach die von Professor Ludwig in Leipzig in seinem
neulich an unsern verehrten Vorsitzenden, Herrn Director Marquart,
gerichteten beruhigenden Antwortschreiben behauptete „nur selten und
nur bei schmerzlosen Versuchen vorkommende Anwendung" des Curare
als durchaus nicht dem wirklichen Thatbestande entsprechend. Ein Doctor
der Medicin, der viele Vivisectionssäle in Deutschland, Oesterreich,
Frankreich und Italien besucht hat, schreibt mir speciell über die immer
von den Vivisectoren vorgeschützte Narkotisirung ihrer Opferthiere das
Folgende: „Lassen Sie sich, bitte, ja nicht irre machen durch Autoritäten,
wie Hermann! Das Anästhesiren, als Entschuldigungsargument, ist ein
reiner Hocus=Pocus, weder mehr noch weniger. Wenn Hermann die
vornehmen englischen Gegner der Vivisection in seiner Schrift Phari=
säer nennt, so handelt er wie der Betrunkene, dem bekanntlich die übrige
Welt betrunkener erscheint, als er selber. Die Vivisectoren wissen sehr
gut, daß sie Aether und Chloroform nur zur eigenen Bequemlichkeit und
zur Täuschung der jungen Zuhörer anwenden, und daß die Anästhesie
nie lange währt. Wenn sie es dennoch wagen, von Schmerzlosigkeit
der Vivisection zu faseln, so ist das eine ganz freche Lüge und
eine unedle Ausbeutung der Unwissenheit, des Aberglaubens und der
wissenschaftlichen Götzendienerei des Publikums. Und solche Aus=
beutung nennt man ja Pharisäismus! Ebenso frech und ebenso
pharisäisch ist ferner der Kunstgriff der Vivisectoren, in Einem Athem
von „anästhesiren und curarisiren" zu sprechen. Ein Vivisector würde
sich geradezu blamiren, wenn er heutzutage vor Aerzten öffentlich erklären
wollte, Curare sei ein Narkoticum, oder gar ein Anästheticum, denn er
weiß, was schon Claude Bernard vor Jahren betonte, daß Curare
einzig nur die Bewegungsnerven lähmt, das Bewußtsein aber vollkommen
klar läßt und gerade das Gegentheil eines Anästheticums ist. Unter
diesen Umständen ist es implicite eine Lüge, von einer „Curare=Narkose"
zu sprechen, als ob beide Begriffe sich gegenseitig deckten."

Weiter schreibt mir derselbe Doctor der Medicin noch das Folgende:
„In Florenz ging ich zuweilen in Schiff's Laboratorium. Eines Tags
fand ich einen Hund in einem ganz besonders gräßlichen Zustande.
„Haben Sie das Thier chloroformirt?" fragte ich. „Das Thier ist nicht
nur anästhesirt worden, sondern ist todt", war die Antwort. Es stellte

sich aber heraus, daß es curarisirt und durchaus nicht todt war. Schiff rühmt sich oft, daß er Mitglied eines Thierschutzvereins sei! Uebrigens ist Schiff nicht der Schlimmste unter den Pharisäern."

Zu 3. Die Physiologie als positive Wissenschaft auszugeben, ist eine Unwahrheit subtilerer Art, auch haben sich die Physiologen von Jugend auf an diese ungenaue Auffassung gewöhnt, und die Bewunderung ihres eigenen Berufs täuscht sie über die Dignität und Capacität desselben. Dennoch ist die logische Gefahr, die aus dieser Redegewohnheit entsteht, eine sehr bedeutende.

Zu 4. Wenn endlich Herr Professor Hermann vor dem Publikum erklärt: „Jeder Hund, den Ihr der Vivisection entzieht, kostet Euch ein Menschenleben", so weiß man nicht, worüber man sich mehr wundern soll, ob über die Kindlichkeit des therapeutischen Glaubens, der sich hierin ausspricht, oder über die Incongruenz zwischen Wort und Ueberzeugung. Denn daß ein solcher Köhlerglaube an die Macht der Medicin von den heutigen skeptischen, ja nihilistischen Aerzten als ein längst überwundener Standpunkt angesehen wird, das muß Herrn Hermann entweder bekannt oder unbekannt sein, d. h. er muß entweder gegen seine eigene Ueberzeugung, oder gegen die Ueberzeugung seiner Zunftgenossen gesprochen haben.

Es ist von der größten Wichtigkeit, daß das Publikum auf diese hier bezeichneten rhetorischen und moralischen Kniffe der Vivisectoren nachdrücklich aufmerksam gemacht werde. Es ist recht und sittlich, einen falschen Nimbus zu zerstören, denn die Mittel, durch welche man denselben aufrecht zu erhalten strebt, sind, wie wir gesehen haben, entweder pharisäischer oder jesuitischer Art, je nachdem das Motiv Menschenfurcht oder Ueberschätzung der Zwecke war.

Für die Optimisten innerhalb unserer Thierschutzvereine, die da glauben, daß in unserem „humanen Deutschland" keine solchen Grausamkeiten vorkämen, wie in anderen Ländern, folge hier nun noch eine kleine Blumenlese von Beispielen vivisectorischer Thaten, die ich in den letzten Jahrgängen von Professor Pflüger's „Archiv für die gesammte Physiologie" (Bonn, bei Cohen) aufgefunden habe, und deren Wahrheit dadurch unwiderleglich constatirt ist, daß sie den Originalberichten zeitgenössischer deutscher Vivisectoren selbst entnommen sind.

Band 16 (1878). Beiträge zur Kenntniß der Gefäßinnervation, von Dr. K. Grützner und Prof. R. Heidenhain vom physiologischen Institute in Breslau. S. 24. Versuch vom 31. März 1877. Hund curarisirt. Durchschneidung des linken Bauchsympathicus. Entfernung der Haut von beiden Unterschenkeln. — Anderer Hund dito. Ein in der Höhe des Kniees und ein zweiter um das Fußgelenk geführter Zirkelschnitt trennte zunächst die Haut des Unterschenkels von der des Fußes und Oberschenkels. Das isolirte Hautstück dann sorgfältig abpräparirt (d. h. es wurde also einem

lebendigen, nicht narkotisirten, sondern nur curarisirten Hunde
die Haut von den Beinen abgezogen).
**Studien über die automatische Thätigkeit des Athem-
centrums** von Dr. R. Burkart, prakt. Arzt. Eine Kette von
Versuchen an Kaninchen. Man liest hier fortwährend von Krämpfen,
Krämpfen ohne Ende. An einem einzigen Kaninchen wurden 22 solcher
Versuche gemacht! Die sämmtlichen Kaninchen starben unter heftigen
Verblutungskrämpfen. Die erste Serie war nicht narkotisirt. S. 448.
Als das Thier immer dyspnoeischer athmete, wurde es um 7 Uhr erstickt
durch Untertauchen in's Wasser. Es starb unter heftigen Krämpfen.
Seite 476. Versuch 6. Kaninchen auf den Rücken gebunden. Nicht
narkotisirt. Bauch aufgeschnitten. Seite 478. Versuch 7. Dito. Keine
Narkose. Bauch aufgeschnitten.
S. 282—83. **Versuche über die reflectorische Hem-
mung der Speichelabsonderung** von Joh. Pawlaw, Schüler
des physiologischen Laboratoriums in Breslau. Versuch 8. Curarisirter
Hund, 6 Mal den Leib auf- und wieder zugemacht. Versuch 9. Hund,
Leib aufgeschnitten. Diesem Versuch, wie dem vorigen, fehlt es an Rein-
heit wegen des unvollständigen Curarisirens. Wir hielten uns jedoch
verpflichtet, einen Versuch, der unseren Erwartungen nicht entspricht,
nicht zu unterdrücken, damit das ganze Beobachtungsmaterial der späteren
Kritik zu Gebote stehen könnte. S. 277. Es braucht kaum erwähnt
zu werden, daß hier nur die schlagendsten Versuchsresultate vorgeführt
sind, die größere Anzahl gleicher Versuche als Wiederholung nicht weiter
erwähnt wurden. Die Experimente geschahen unter allen möglichen
Variationen, um unter den verschiedensten Combinationen die Wirkung
des Curare auf die Speichelabsonderung zu studiren.
Dr. B. Luchsinger's (von Zürich) **Versuche zur Kenntniß der Functionen des Rückenmarks.** (Zahlreiche Operationen
des Durchschneidens des Rückenmarks, in Polemik gegen die Versuchsresultate Nawrodi's.) S. 542. Ich stellte die Versuche
meist mehrere Tage nach der Operation an, brachte die Katzen zur
Erwärmung in einen Brütofen und ließ sie darin bei 60—70° C.
Lufttemperatur verweilen, bis eine enorm gesteigerte Athemfrequenz
ergiebigste Erwärmung anzeigte, erstickte weiter die Thiere, bis mächtige
Krämpfe des Hinterthieres auftraten. Das Versuchsresultat wurde aber
durch den Angstschweiß der Thiere modificirt. — Um die Operation
der Durchschneidung des Rückenmarks mit größter Ruhe ausführen zu
können, curarisirte ich vorher die Thiere. Um die Erstickung möglichst
weittreiben (also lange hinziehen!) zu können, ohne durch einen einmaligen
Versuch das Thier verlieren zu müssen, setzte ich das Manometer eines
Kymographions in Mitwirkung und hatte so in der Stärke und Frequenz
des Pulsschlags ein Warnsignal vor Augen.
Band 15 (1877). Ist Harnsäure ein Nahrungsmittel?
Versuche von Dr. E. Oertmann (physiologisches Laboratorium zu

Bonn). S. 375. Dem Kaninchen G. wurde alle Nahrung bis auf das Trinkwasser entzogen. Es starb nach 5 Tagen.

Band 14 (1877). Dr. von Mering's Versuche (Berlin) **über Glykogenbildung in der Leber.** S. 278. Kaninchen, nach 5 Hungertagen mit 4 Dosen Alkohol vergiftet. S. 280. Ein großer Metzgerhund 18 Tage **hungern lassen.** S. 281. Der 13. und 15. Versuch. Zwei mittelgroße Hunde, jeder 14 **Hungertage**. Versuch 14 und 16. Zwei große Hunde, jeder 18 **Hungertage**. S. 282. Große Dogge, 21 **Hungertage**. Controlhund, ebenfalls 21 **Hungertage**. Versuch 19. Großer Hund, 20 **Hungertage**.

Seite 412—43. Ueber die Vernichtung des Großhirns, von Prof. Goltz im **physiologischen Laboratorium zu Straßburg**. 51 Hunde mittelst Ausspülens einzelner Gehirntheile aus dem mehrfach angebohrten Kopfe, jeder zu 4 verschiedenen Malen, verstümmelt und dann Monate lang in ihrem Verhalten studirt. Die Mehrzahl der Thiere ging zuletzt an Gehirnentzündung zu Grunde. S. 415. „Interessanter" Versuch an einer zartgebauten kleinen Hündin, linkes Hirn ausgenommen, Drahtklemme an den Hinterfüßen. Klägliches Gewinsel. — — Das Thierchen fängt wieder jämmerlich an zu heulen, bald Schaum vor dem Munde. S. 417. Derselbe Hund zuletzt am 5. October operirt, seitdem blind, stirbt den 10. November. Nach der Section gleicht das zerrissene Gehirn einem frischgehackten Kartoffelfeld. S. 418. Kleine Hündin, zuletzt operirt am 26. Mai, dadurch beinahe blind, stirbt den 7. Juli an Gehirnentzündung. S. 420. Hund, zuletzt operirt den 30. Mai, seitdem blind, stirbt den 18. November.

Und alle diese verstümmelten und geblendeten Hunde (S. 471 und 422, 426) äußern noch Freude, liebende Anhänglichkeit und wedeln mit dem Schwanze, sobald ihr unmenschlicher Peiniger sich ihnen nähert!! Welcher Contrast zwischen **dieser Menschen- und jener Thiernatur!**

S. 424. Diese verstümmelten Hunde sind nicht mehr im Stande, sich zu kratzen, und verdrehen sich „in den lächerlichsten Stellungen", ohne ihren Zweck zu erreichen. S. 428. Einzelne Hunde bekommen nach der Operation Anfälle von Tobsucht und sterben dann schon nach wenigen Tagen. S. 433. Den verstümmelten und erblindeten Hunden schmerzhafte Drahtklemmen an die Zehen, die Vorhaut und andere Stellen angelegt. Fruchtlose Bemühungen der Thiere, sich davon zu befreien. S. 439 und 440. **Ich unternahm diese Hirnverstümmelungsstudien zu dem Zwecke, die irrigen Theorien des berühmten Physiologen Flourens zu widerlegen, und habe diesen Zweck erreicht!**

S. 502—517. **Charakteristische Polemik zwischen den Professoren der Physiologie Dr. Senator (Berlin), Dr. Pflüger (Bonn) und Dr. Colasanti.** Keiner läßt die als Resultate

zahlreicher thierquälerischer Versuche des Anderen aufgestellten Theorien gelten.
S. 520. Prof. Heidenhain in Breslau (Versuche über spinale Gefäßreflexe) constatirt die Widersprüche zwischen den Vivisectionsresultaten von Bochefontaine, S. Mayer, Goltz, Vulpian und Luchsinger. **Alle diese Widersprüche fordern zu zahlreichen neuen quälerischen Versuchen auf, „da die bisherigen Beobachtungen mehr Gegensätze, als Uebereinstimmungen nachweisen".** (!)
S. 630—44. Abhandlung des Prof. Pflüger, „um zu zeigen, wie unberechtigt die Ansprüche des Prof. Carl Voit (München) auf die Erkenntniß der wahren Beziehungen zwischen Stoffwechsel und Athembewegung sind".
Band 13 (1876). S. 1—44. Prof. Goltz, Dr. Gergens und Dr. Tiegel (vom physiol. Institute zu Straßburg) 6 Monate lang fortgesetzte Verstümmelungen des Großhirns von Hunden. Da die von Hitzig, Carville, Duret, Soltmann, Schiff, Hermann und Anderen vorgenommenen Verstümmelungen der Gehirne lebendiger Hunde es nur mit kleineren Theilen des Gehirns zu thun hatten, so schlug Goltz eine neue Methode ein, die der Zerreißung und **Ausspülung** größerer Gehirnmassen durch Ströme erhitzten Brunnenwassers, nachdem den Schädel an verschiedenen Stellen durchbohrt worden war. Dadurch im Gehirn kraterförmige Höhlungen ausgewaschen. Natürlich sind die Aussichten auf Erhaltung des Lebens um so ungünstiger, je ausgedehnter die Verwüstungen des Gehirns waren. S. 5. Ein Hund mit 5 Bohrlöchern im Kopfe und mit beinahe gänzlichem Verlust einer Hirnhälfte, lebte vom 14. Februar bis 15. März. S. 7. Eine große Zahl von Versuchthieren ist uns, wie andern Beobachtern, gestorben, meist an Gehirnentzündung. S. 8. Nur junge Hunde eignen sich zu diesen Versuchen. **„Noch Niemandem ist es gelungen, bei längerer Erhaltung des Lebens eine so ausgedehnte Zerstörung des Großhirns zu erzielen und dasselbe so übel zuzurichten, als mir."** (Anmerkung. Und auf eine solche Heldenthat scheint Herr Professor Goltz noch ganz stolz zu sein!!)
S. 9. **Es trifft sich nicht oft, daß in Sachen der Physiologie des Gehirns zwei Physiologen Einer Ansicht sind.** (Welches werthvolle Geständniß!!) S. 17. Ich entschloß mich, bei mehreren verstümmelten Hunde das linke gesunde Auge auszurotten, um die Functionen des durch die Enthirnung erkrankten Auges richtig zu schätzen. Einer Bulldogge am 8. November 1875 zwei Löcher in den Kopf gebohrt und das Gehirn durchspült. Das Thier wird auf dem rechten Auge blind. Am 11. December schäle ich dem Hunde den linken Augapfel aus. Am 10. Januar 1876 neue Gehirnzerstörung; am 5. Februar die dritte, diesmal rechts. Stirbt am 15. Februar. S. 20. Einem jungen Dorfhund am 29. November 1875 ein Theil des linken

Großhirns ausgespült und dann das linke Auge ausgeschält. Am 12. Januar 1876 neue Hirnzerstörung, am 29. Januar die dritte. Am 31. Januar völlige Blindheit constatirt. Am 10. Februar vierte Hirnzerstörung. Am 4. März fünfte Gehirnzerstörung, die am 8. März den Tod verursacht. S. 31. Einer sehr klugen, jungen, lebhaften Hündin, die auf Aufforderung beide Vorderpfoten gleich willig zu reichen verstand, wurde am 1. December 1875 durch 2 Bohrlöcher das linke Großhirn durchspült. Die rechte Pfote dadurch gelähmt. Die Hündin, aufgefordert, die linke Pfote zu geben, legt diese sofort willig auf meine Hand. Fordere ich nun die rechte Pfote, so sieht das Thier mich traurig an, denn es kann dieselbe nicht rühren. Auf wiederholte bringende Aufforderung reicht es mir mit betrübtem Gesicht die linke Pfote über's Kreuz herüber, wie als Ersatz für die rechte, die es nicht zu bieten vermag. (!!) Am 13. Januar zweite Gehirnzerstörung, am 15. Februar die dritte und 6. März die vierte, an der das Thier starb.

Wahrhaft widerwärtig ist der cynische Humor, durch den Professor Goltz die Beschreibung seiner überaus grausamen Versuche dem Leser schmackhaft zu machen sucht. S. 429 und 435 ist von zwei durch Enthirnung blödsinnig gemachten Hunden die Rede. Der eine „macht in seinen tölpelhaften Bewegungen den Eindruck eines Hanswurstes", der andere „bemühte sich um die Zuneigung einer Hündin, vermochte sie aber nicht mit den (gelähmten) Vorderbeinen zu umfassen. Dieselbe wurde daher der Zärtlichkeit des blödsinnigen Freiers bald überdrüssig und zog andere unversehrte Hunde vor."

Band 12 für 1876. S. 28. Das zitternde Thier (Hund) fängt wieder an zu winseln.

S. 219—277. Versuche von Ostroumoff im physiologischen Institut zu Breslau unter Leitung von Prof. Heidenhain. (Ueber die Hemmungsnerven der Hautgefäße.) Alle diese quälenden Experimente geschahen an curarisirten Hunden. Ostroumoff erklärt auf S. 271 die von Prof. Goltz aus dessen gleichen Experimenten gefolgerten Schlüsse für unrichtig.

S. 157—204. Beiträge zur Lehre von der reflectorischen Erregung der Gefäßmuskeln von Dr. Johann Latschenberger und Dr. A. Deahna vom physiologischen Institut zu Freiburg i. Br. Sämmtliche (30) gemarterte Thiere (Hunde, Katzen, Kaninchen) waren ausnahmslos curarisirt.

S. 212. Versuche über das Verhalten des Guanidin, Dyciandiamidin und Cyanamid im Organismus. Von E. Gergens und E. Baumann, Assistenten des physiologischen Instituts zu Straßburg. Einem mittelgroßen Hunde 2 Gramm schwefelsaures Guanidin in eine Vene des rechten Hinterfußes injicirt. Zeigt sofort Lähmung der Hinterbeine, heftiges Erbrechen, erschwerte

Respiration. In wenigen Minuten dann vollständige Körperlähmung, nach zweistündigen Krämpfen Tod. Tito eine kleine Hündin, erst nach 1 Stunde Erbrechen, Schleifen des Hinterkörpers, Umfallen, 48 Stunden lang Krämpfe bei mühsamem Athmen. Nach 60 Stunden Abortus. Eine Woche lang lag das Thierchen apathisch da und fraß nicht — wenn mit Gewalt aufgerichtet, schleifte es seinen Hinterkörper nach und nach wenigen Secunden fiel es wieder um.

S. 278. Alex. Horvath, Versuche über den Tod durch künstliche Abkühlung der Warmblüter. Hunde und Kaninchen, die durch Eintauchen ihres Körpers bis zum Halse in Wasser von ca. 0" abgekühlt werden, sterben unter den Erscheinungen des Tetanus, sobald ihre Körpertemperatur auf ca. 19° C. gesunken ist. Bei sämmtlichen „zum Tode abgekühlten" (!) Thieren zeigte sich die Leber enorm mit Blut überfüllt. Auf S. 279 stellt Horvath „die berühmte Theorie" der Professoren Ludwig und Brunner wieder in Zweifel.

S. 471—521. Dr. A. Bornhardt: Experimentelle Beiträge zur Physiologie der Bogengänge des Ohrlabyrinths. Eine Reihe von Versuchen, voll von den grausamsten Details, an Tauben und Kaninchen, denen Theile ihres Gehirns herausgeschnitten wurden.

Band 11 (1876), S. 52—99. Experimente über die gefäßerweiternden Nerven von Prof. Fr. Goltz im physiologischen Laboratorium zu Straßburg, unter Mitwirkung von Dr. A. Freusberg und Dr. E. Gergens. S. 59. (Durchschneiden des Rückenmarks von Hunden.) Uebersteht das Thier (junge, möglichst gut genährte Hunde, mehrere Monate alt) die nächsten Folgen der Operation, so rc. S. 83. Einem jungen, sehr kräftigen Hunde am 18. October 1874 das Rückenmark zum ersten Mal durchschnitten, hierauf zu zahlreichen Versuchen benutzt, am 22. Februar 1875 der linke Hüftnerv und am 2. April das Rückenmark zum zweiten Mal durchschnitten. Schon trug ich mich mit der Hoffnung, daß dieses so außerordentlich widerstandsfähige Thier auch die zweite Durchschneidung des Markes überstehen würde, da trat eine eitrige Meningitis ein, die das Thier noch am selben Tage tödtete. Einem andern Hunde wurde am 2. Februar 1874 der rechte Hüftnerv und am 18. Februar das Rückenmark durchschnitten. Am 8. März zum zweiten Mal das Rückenmark an einer anderen Stelle durchschnitten. Eine Viertelstunde nach dieser dritten Operation wurde das sehr geschwächte Thier frei in der Luft gehalten. Das linke Bein machte jetzt in der Minute 34 Reflexbewegungen. Am 22. März starb das Thier. S. 86. Ein Gegenstück zu den beiden vorhergehenden Versuchen bildet der folgende. Einem kräftigen grauen Pudel am 27. Februar 1875 und am 13. März an 2 verschiedenen Stellen das Rückenmark durchschnitten. Die zweite Verwundung brachte furchtbare Verheerungen hervor, lähmte vollständig die Blase und ließ den Mastdarm heraustreten. Da das traurige Ansehen des Thieres seinen baldigen Tod erwarten ließ, so sollte es am 8. April noch einem andern Versuch unterworfen werden, starb aber während der Vorbereitungen zu demselben.

Am Schluß (S. 99) weist Prof. Goltz auf das ganz ungenügende Resultat aller dieser grausamen Versuche hin und stellt eine Reihe neuer Experimente zur Aufklärung seiner neuen Zweifel in Aussicht. (!)

Deutsches Archiv für klinische Medicin. Leipzig, bei Vogel. 1876. S. 55. (Experimentelle Studien zur therapeutischen Galvanisation des Sympathicus von Dr. G. Fischer in München.) Die Ergebnisse unserer Versuche an Katzen sind in hohem Grade zweifelhafter und sich widersprechender Natur. Es müßten eine Menge ähnlicher Untersuchungen angestellt werden, um fehlerfreie Schlüsse daraus ziehen zu können. (!)

S. 136. (Studien zur Physiologie des Gehirns an curarisirten Hunden und Kaninchen, von B. Danielewski.) Junger großer Hund. Gleich nach dem Aufhören der Tetanisirung erneuert sich das Winseln. Diese Beobachtung mehrere Male mit demselben Erfolge wiederholt.

S. 375. (Beiträge zur Physiologie der Harnsecretion, von Prof. Grützner im physiologischen Institut zu Breslau.) Bei den sämmtlichen curarisirten Hunden wurden die Nierennerven zerrissen. Bei den verschiedenen Versuchen wurden aber ganz entgegengesetzte Resultat erzielt, und ganz andere, als früher Prof. Bernstein in Halle gefunden. — Wieder andere Resultate erzielte Prof. Ustimowitsch (!) (S. 370).

Pflüger's Archiv.

Band 10 (1875), S. 77—86. „Ueber elektrische Reizung des Großhirns" von Prof. L. Hermann (Zürich). 6 Hunde wurden einer theilweisen Gehirnexstirpirung durch scharfe Säuren unterworfen, 2 davon wurden am Leben erhalten, um nach ein paar Wochen anderen Versuchen geopfert zu werden. Der Zweck der von Hermann selbst auf S. 79 grausam genannten Versuche war, die Unrichtigkeit der vivisectorischen Resultate der Professoren Fritsch und Hitzig zu beweisen und die Hitzig'schen Theorien von den motorischen Rindencentren umzustoßen. (Hund Nr. 4 erholte sich wieder und wurde nach 5 Wochen von Dr. Kreis zu einem Speichelfistelversuch verbraucht, wovon er starb.)

S. 345—356. Prof. Pflüger (Bonn) läßt die Theorien der Professoren Ludwig und Alex. Schmidt (Leipzig) über Respiration nicht gelten.

S. 383—464. Prof. Roßbach (Würzburg) vertheidigt seine Versuche (über die physiologischen Wirkungen des Atropin) gegen die heftigen Angriffe von Prof. Harnack (Straßburg).

S. 612. Prof. Heidenhain (Breslau). Beiträge zur Kenntniß der Pankreas. Versuch 3. Hunde, wie immer, curarisirt.
Band 9. (1874.) S. 28—33. Prof. Hermann (Zürich) bekämpft die Theorien des Prof. Bernstein (Halle) über Nervenreizung. S. 109. Prof. Rosenthal (Erlangen) eifert gegen die Theorien Prof. Grünhagen's (über Muskelzuckungen).
S. 174—95. Prof. Goltz und Dr. Freusberg (Straßburg). „Ueber gefäßerweiternde Nerven." S. 175. Unzählig oft (!) sind die Hüftnerven bei Thieren durchschnitten worden. Aus der „Reihe sehr zahlreicher Versuche" (S. 185) werden hier nur 14 Beispiele aufgeführt. Nach Durchschneidung der Hüftnerven hinkten die Hunde auf 3 Beinen. S. 176. Einem dieser auf 3 Beinen hinkenden Hunde durchschnitt ich noch das Rückenmark. S. 181. Meine neue Lehre enthält eine vollständige Umwandlung der gangbaren Vorstellungen und fordert, daß zahlreiche andere Versuche der Nervenphysiologie einer neuen Prüfung unterzogen werden müssen. (!) S. 183. Einem kräftigen saugenden Hündchen wird am 6. December das Rückenmark durchschnitten, Tags darauf das Lendenmark zermalmt und hierauf auch der rechte Hüftnerv durchtrennt. S. 184. Einem anderen saugenden Hündchen das Rückenmark durchschnitten und das Lendenmark zerstört. Das Thierchen überlebt die Operation 3 Tage. S. 197. Die bisher gangbare Lehre über die Innervation der Gefäße ist durch meine Versuche unhaltbar geworden; ich gebe mich jedoch kaum der Hoffnung hin, daß ich den Leser schon jetzt zu meinen Ansichten bekehrt habe.

S. 247—49. Polemik von Dr. v. Basch (Wien) gegen Dr. v. Thanhoffer über Fettresorption ꝛc.

S. 250—62. Polemik von Prof. Heidenhain gegen Prof. Cyon (über Nervenreizung und Blutdruck). Cyon's Resultate stehen in absolutem Widerspruch mit denen von Dittmar, Owsjannikow und Heidenhain. S. 256—57. Versuche an 16 Hunden (Entfernung des Großhirns). 22. Mai Reizung des N. Ischiadicus. Der Hund gab die heftigsten Schmerzensäußerungen von sich und vollführte die gewaltsamsten Athembewegungen. Nun 3 Mal zur Ader gelassen. Nach dem dritten Blutverlust macht das Thier vor Schmerz die ungeberbigsten Anstrengungen, um sich seiner Fesseln zu entledigen. Neue Reizung 26 Secunden lang. Hiernach die Brust geöffnet und künstliche Athmung eingeleitet. Die periodischen Nervenreizungen und Aderlässe fortgesetzt.

S. 380—91. Dr. A. Freusberg (Straßburg) über die Reflexbewegungen beim Hunde. Versuche an Hunden S. 380. Das Großartigste von Unverträglichkeit des Nervensystems gegen Eingriffe leistete ein Schooßhündchen(!), dem lediglich der Nervus Ischiadicus auf beiden Seiten durchschnitten ward. Dies genügte, um sofort die

tiefste Prostration, in 2 Stunden den Tod herbeizuführen. S. 390. Ich habe 80 Hunden aller Lebensalter und einer Reihe anderer Säugethiere das Rückenmark durchschnitten. S. 466. Bei manchen Thieren, z. B. Hunden, beobachtet man, daß fast beständig während des Wachens einzelne Muskeln des Gesichts, des Ohres, des Kopfes in Bewegung sind, weil sie fast beständig von Affectionen der Seele: Angst, Freude, Aufmerksamkeit u. s. w. ergriffen werden. (Und solche nervöse, empfindsame Wesen dürfen gemächlich lebendig zerschnitten werden?!!)
Band 8 (1874). S. 291. (Verf. v. Luchsinger, Zürich, über Glykogenbildung in der Leber. Die Kaninchen wurden meist vor den Versuchen 4—6 Tage hungern gelassen.
S. 327—340. Polemik von Prof. Cyon gegen Prof. Heidenhain über die Innervation der Gefäßnerven. S. 329. Prof. Cyon: „Wir besitzen in der Physiologie ja genug ganz genau beobachtete Thatsachen, die in scheinbarem Widerspruche mit einander stehen, und deren Widerspruch zu lösen uns noch nicht gelungen ist." (!)
S. 461. Versuche von Prof. Goltz und Dr. Freusberg. Aeltere, selbst kräftige Hunde pflegen sehr bald nach der Durchschneidung des Rückenmarkes unter äußerst heftigen Fiebererscheinungen zu erkranken, verschmähen alle Nahrung und sterben nach ein oder mehreren Tagen. Junge Hunde aber sterben erst später an den mittelbaren Folgen der Operation; sie magern zusehends ab und sterben sämmtlich, spätestens nach mehreren Monaten, an Entkräftung. S. 468. Die Durchschneidung des Rückenmarks ist eine furchtbare Operation, denn wie viele sensible Theile werden dabei zerquetscht und in einen entzündlichen Reizungszustand versetzt! S. 476. Die Zerstörung des Lendenmarks hat totale Lähmung der Blase zur Folge. S. 489. Einem kräftigen jungen Hunde das Rückenmark durchschnitten, 14 Tage später der Wirbelcanal wieder durchschnitten, stirbt nach 4 Wochen. S. 496. Einem kräftigen jungen Hund am 28. Nov. das Rückenmark durchschnitten, am 2. Dec. das Lendenmark zermalmt. Er wird nun traurig, athmet schwer, frißt nichts mehr, sein Vorderkörper zittert fortwährend. Am 3. Dec. Nachmittags todt.

S. 578—96. Versuche von Jul. Schreiber, cand. med. (Königsberg) an 70 Kaninchen, denen er nach Anbohrung des Kopfes Gehirnverletzungen beibrachte. Nur 10 überlebten die Versuche eine Zeit lang. S. 582. Kaninchen auf's Brett gespannt, Kopf angebohrt 5½ Uhr Nachmitt. **Es bleibt die ganze Nacht aufgespannt (!!)**, wird erst am folgenden Tage 7 Uhr früh losgebunden. Fällt sofort um, stirbt. Der Kopf war bei den meisten aufgebundenen Thieren unbeweglich eingezwängt. — Die vier letzten Versuche ergaben das entgegengesetzte Resultat der vorhergegangenen. S. 587. Kaninchen 9 Stunden lang aufgespannt, 2 mal Kopf angebohrt. 7 Stunden nach der letzten Operation getödtet.

Band 6 (1872). S. 78. Ueber d. Einfluß des vasomotorischen

v. Weber, Folterkammern. 4

Nervensystems. Dr. Riegel greift alle vivisectorischen Resultate Professor Heidenhain's als inconstant und widerspruchsvoll an, bestreitet auch die Richtigkeit der daraus gefolgerten Schlüsse.

S. 339. Dr. Salkowski's (Heidelberg) Phenol-Vergiftungsversuche an Hunden. Eine widerwärtige Schilderung der Leiden der fortwährend zitternden und von heftigen Krämpfen und Convulsionen hin und her geschleuderten Hunde. S. 661. In dem vorstehenden Versuche ist es gelungen, den Hund wenigstens eine Zeit hindurch in vollständiger Narkose zu erhalten. Derartige Versuche gelingen selten für längere Zeit; es ist schwierig, gerade denjenigen Grad der Narkotisirung der Thiere zu finden, der, ohne tiefergehende Functionsstörungen herbeizuführen, das Centrum des bewußten Seelenlebens vollständig ausschaltet. (Dr. Riegel).

Welcher Gewinn ist nun durch alle jene über alle Maßen empörenden Experimente der Herren Goltz, Gergens, Ziegel, Heidenhain, Mayer, Vulpian, Luchsinger, Hitzig, Soltmann, Schiff, Hermann, Schreiber und so vieler Anderer der „medicinischen Wissenschaft" erwachsen? Die Antwort darauf gibt Prof. Goltz selbst am besten: (Bd. 13 S. 9) „Es trifft sich nicht oft, daß in Sachen der Physiologie des Gehirns zwei Physiologen Einer Ansicht sind!!"

Möchten doch alle solche Mitglieder deutscher Thierschutzvereine, denen die dazu nöthige Zeit zu Gebote steht, sich an die Arbeit machen, in den sämmtlichen neueren und neuesten physiologischen Zeitschriften und Büchern, die innerhalb des deutschen Reichs erscheinen, unausgesetzt nach ähnlichen eclatanten Beispielen vivisectorischer Grausamkeit zu suchen und zu forschen. (Pflüger's physiol. Archiv, Bonn, bei Cohen, alljährlich — Cyon's Methodik der physiol. Experimente (Gießen 1876) — Valentin's Lehrbuch der Physiologie (Braunschweig, Vieweg, Seite 617—820) — R. Wagner's Handwörterbuch der Physiologie (Braunschweig) — die Zeitschrift für Biologie — das Archiv von Reichert und du Bois Reymond — Fritzsch und Hitzig, Archiv f. Anatomie und Physiologie — Berichte aus dem Leipziger physiologischen Institut und viele andere Werke dürften wohl für diesen Zweck genügendes Material liefern.) Denn nur durch eine derartige Sammlung von neueren, auf deutschem Boden vor sich gegangenen und vor sich gehenden Thatsachen können unsere Thierschutzvereine eine praktische Unterlage für eine künftig an den Reichstag einzureichende Gesammtpetition gewinnen. Zugleich wäre durch alle aufrichtigen Freunde des Thierschutzes die Bildung eines deutschen Central-Comités zum Schutze der, der Vivisection unterworfenen Thiere anzustreben, das sich eventuell später zu einer großen deutschen Gesellschaft zum Thierschutz gegen Vivisection erweitern könnte. Es darf nicht bezweifelt werden, daß das deutsche Volk im Allgemeinen

durchaus nicht weniger mitleidig ist als das englische, und daß daher durch freiwillige Beiträge, Vermächtnisse u. s. w. von thierfreundlichen Personen (namentlich Damen) sich bald ein kleines Gesellschaftsvermögen ansammeln würde, welches hinreichen könnte, um eine energische Agitation in Gang zu setzen und stetig zu unterhalten, deren Endzweck die Beschränkung, Controle und Humanisirung der Vivisection und die stete Ueberwachung der sämmtlichen physiologischen Laboratorien Deutschland's durch die öffentliche Meinung und durch das, für ethische Gefühle noch nicht abgestumpfte, große gebildete Publikum sein würde. Es fehlt den vielen überall im deutschen Reiche zerstreuten thierfreundlichen Personen bis heute noch an einem verbindenden und organisirenden centralen Actionselemente, die zahlreichen einzelnen Thierschutzvereine repräsentiren augenblicklich nur noch eine Armee ohne obersten Führer und ohne Generalstab. So lange aber eine solche „Seele der Armee" fehlt, hat ein Feldzug gegen die geschlossene Phalanx Derer, welche auf der absoluten Freiheit der „Wissenschaft" zu aller und jeder von ihr beliebten Uebertretung des Moralgesetzes bestehen, keine Aussicht auf Erfolg. Wie viel durch eine concentrirte Wirksamkeit der Thierschutz= vereine erreicht werden kann, das sehen wir ja am Beispiele England's und Nordamerika's. In den Vereinigten Staaten haben bereits nicht weniger als 160 Specialgesetze gegen Thierquälerei den Congreß passirt! Zum Schluß noch ein Wort im Hinweis auf die jetzt den Hauptinhalt aller unserer Zeitungsartikel bildenden Klagen über die immer mehr zunehmende moralische Verwilderung großer Schichten unseres Volkes, von welcher die fluchwürdigen Attentate auf das geheiligte Haupt unseres ehrwürdigen Kaisers ein so schreckliches Zeugniß ablegen. Das Kapitel ist ein sehr umfangreiches, und ich kann daher hier unmöglich näher darauf eingehen. Nur die Bemerkung sei mir gestattet, daß, um eine ethische Veredelung der niederen Klassen zu erzielen, die höheren Stände mit gutem Beispiele vorangehen müssen, und daß man sich nicht über die Rohheit der niederen Klassen zu sehr verwundern darf, so lange es in einem civilisirten Staate einem Theile der höheren Gesellschaft (ich meine die Professoren der Experimentalphysiologie) gestattet ist, das Moralgesetz, dessen Einhaltung Christenthum und Humanität gebieterisch von uns verlangen, in den Folterkammern ihrer Laboratorien fortwährend in so haarsträubender Weise mit Füßen zu treten.

Am 22. Aug. 1878 besuchte ich das physiologische Laboratorium der Universität .*.. Dasselbe befindet sich in einem großen palastartigen Gebäude. Der Universitäts=Ferien wegen waren natürlich die „Arbeiten" der physiologischen Docenten und Schüler auf zwei Monate sistirt, und ich konnte nur die mannichfaltigen Apparate und Maschinen, die leeren Ställe, Käfige und Operationsräume in Augenschein nehmen. Ein Aufwärter führte mich herum und zeigte mir zunächst einen Saal und ein kleineres Zimmer zu ebener Erde, wo mehrere Vivisections=

tische und die dazu nöthigen complicirten Apparate meine Aufmerksamkeit fesselten. Blutflecken, die noch nicht abgewaschen waren, zeigten sofort dem Auge die Bestimmung dieser langen Marterplatten. Eine große Gaskraftmaschine setzt einen ingeniösen Apparat mit Blasebälgen in Bewegung, wodurch den ganzen Tag über in ununterbrochener Thätigkeit die zur künstlichen Athmung nothwendige Luft in die Lungen der durch Curare gelähmten Opferthiere eingepumpt wird. Auf meine Frage, ob die Thiere zuvor betäubt würden, erhielt ich die Antwort: „sie werden sämmtlich durch Curare vergiftet". (!!) Mein Führer zeigte mir dann die großen Eisenkästen, auf deren Gitteroberfläche die zum Martertode bestimmten Hunde aufgelegt und dann mit einem Gitterdeckel zugedeckt werden, um während ihrer langsamen Todesqualen genau beobachtet zu werden. Ein Student hatte dem letzten in diesen Kasten verendeten Hunde eine letzte Ehre erwiesen, indem er mit Kreide auf der eisernen Wand das Bild eines niedlichen Hundeköpfchens mit zwei an die Schultern gefügten „Engelflügeln" gemalt und darunter geschrieben hatte: Requiescat in pace! — Hierauf führte mich mein Mentor in die Kellerräume, wo die eisernen Käfige aufgestellt sind, in denen die Hunde bis zum Tage ihrer Zutodepeinigung eingesperrt gehalten werden. In zwei engen, gemauerten und gewölbten, halbfinsteren Kammern, worin eine kalte modrige Luft mir entgegenwehte, stehen 20 bis 30 größere und kleinere Käfige aus Eisenstangen, in denen etwa ein halbes Hundert Hunde zusammengepfercht werden können. „Wie viele Hunde werden hier wohl jährlich verbraucht?" fragte ich. „O sehr, sehr viele!" war die Antwort. „Und wo bekommen Sie dieselben denn alle her?" fragte ich weiter. „Na, von den Händlern — und so!" entgegnete mit ironischem Lächeln mein Mentor. Was wollte dieses langgezogene „Und so!" bedeuten? Ich will meinen in dieser Beziehung entstandenen Vermuthungen hier nicht weiter Ausdruck geben. Ein intelligenter Hund, der wohl das Schicksal geahnt haben mochte, das ihn hier erwartete, hatte in seiner Todesangst mit bewundernswerther Ausdauer ein großes Loch durch die dicke eichene Kellerthüre hindurchgenagt, um den Schreckensräumen entfliehen zu können. Dasselbe war so umfänglich, daß er selbst hindurchschlüpfen konnte. „Aber es half der Canaille nichts," höhnte der Aufwärter, „denn aus dem neuen Raume, den sie gewonnen, konnte sie doch nicht heraus!" Die kleinen Fenster sind nämlich ganz hoch oben angebracht und vergittert, und die Hauptthüre ist stets verschlossen. — Das Klagegeheul, das hier in diesen modrigen dunkeln Räumen alltäglich von den zahlreichen, hier für die Qualen der Vivisection aufbewahrten „intelligenten Freunden und Gefährten des Menschen" ertönt, mag wohl ein ohrenzerreißendes sein. Möchte doch jeder in dieser Stadt wohnende Thierfreund, der sich eines treuen Hundes erfreut, immer daran denken, welchem Loose er seinen anhänglichen Hausgefährten durch unbeaufsichtigtes Herumlaufenlassen in den Straßen aussetzt! Denn geldgierige Hundehändler lauern unausgesetzt allen einsam herumstreifenden Thieren auf, um sie wegzufangen und dann für wenige Mark an die Zuträger des physiologischen Laboratoriums zu verkaufen. — Nach diesem führte mich der Aufwärter in einen anderen engen und kalten Kellerraum, worin sich zwei große „Eiskästen" befinden. Der eine davon dient zum längeren Aufbewahren von Körpertheilen der zerschnittenen Thiere, der andere — ein großer runder Bottich — wird, wie mir mein Führer erklärte, dazu gebraucht, „um gleich einen ganzen Hund steif gefrieren zu lassen". Es überläuft Einen eiskalt, wenn man daran denkt, wie so ein winselndes und angstzitterndes Thier, nachdem es Wochen und Monate lang in den finsteren und modrigen (und bei Ueberfüllung gewiß auch sehr übelriechenden) Kellerkerkern eingesperrt gewesen, dann zuguterletzt erbarmungslos in diesen Eisbottich hineingeworfen wird, um darin „steif zu gefrieren". Warum die ewige grausame Wiederholung solcher Versuche der „zum Tode Abkühlung" warmblütiger Thiere, da doch deren Resultate längst genau bekannt sind? Haben nicht der durch seine abscheulichen Verbrennungs- und Erfrierungsexperimente bekannt gewordene Dr. Gustav Wertheim in Wien und so viele Andere längst festgestellt, daß Hunde im Eiskasten „unter den lebhaftesten Schmerzensäußerungen" in so und so viel Stunden sterben, daß man ihr Leben bei nur periodischem Verweilen im Eiskasten noch bis 6 Tage verlängern kann u. s. w. (s. d. Jahresbericht der kaiserl. Rudolfstiftung für 1869 S. 112 u. f.*))

Nach den für die Hunde bestimmten Räumlichkeiten zeigte mir mein Führer nun noch den Froschtümpel, das Vogelhaus, den Kaninchenstall (worin unter vier Thieren eines eben verendet war, wie es mir schien in Folge von vergessener Fütterung) und zum Schluß den Raum, der zur Vivisection von Pferden bestimmt ist. Welches Ende für die unglücklichen greisen Pferde, die ihr ganzes Leben im harten Arbeitsdienste des Menschen verbracht haben!

In tiefster Verstimmung und Betrübniß verließ ich die Marterräume dieses Palastes der wissenschaftlichen Grausamkeit!**)

---

*) Wenn ein mit so großem Kostenaufwande unterhaltenes Staatsinstitut, wie das Hospital der kaiserl. Rudolfstiftung, sich über die fortwährende Abnahme seines Besuches zu beklagen hat (s. Medicinische Wochenschrift Nr. 32 v. 9. August 1873) — und dies, während alle übrigen Spitäler Wien's überfüllt sind — so muß dieser Umstand, der so deutlich die Abnahme des Vertrauens des Publikums bezeugt, wohl seine besonderen Gründe haben. Die niederösterreichische Statthalterei verlangte vom Director Böhm eine Rechtfertigung zum Aufschluß über diese auffallende Erscheinung. Ich glaube, der Grund liegt einfach darin, daß Aerzte wie Dr. Wertheim der Anstalt vorstehen. Denn welche Familie kann Lust haben, ihre Kranken einem Manne anzuvertrauen, der durch seine grausamen Vivisectionen einen so gänzlichen Mangel an Gefühl und Mitleid geoffenbart hat?
**) Der Vorstand dieses Laboratoriums gilt in den Kreisen seiner Bekanntschaft für einen humanen Mann. Er ist Mitvorstand eines Thierschutzvereins (!! siehe Seite 37) und hat vor 2 Jahren eine thierfreundliche Rede

Wie kommt es, fragte ich mich, daß in dieser hochgebildeten Stadt, wo ein so reges geistiges Leben pulsirt, wo z. B. das kleinste Theaterereigniß immer einen Kreis so hoher Wellen schlägt und gleich eine allgemeine Aufregung verursacht — wo eine fieberhafte, wahrhaft Athenienſiſche Senſibilität für politische, künſtleriſche und literarische Begebniſſe alle Leute beseelt — wie kommt es, daß an einem solchen Orte so wenig Empfänglichkeit und eine so gräßliche Indifferenz zu finden ist für humane Empfindungen und Bestrebungen, die in England und Nordamerika, unter den beiden vorgeschrittensten und hochentwickeltſten Nationen der Welt, längſt alle gebildeten Kreise ergriffen haben? Wahrlich, wie richtig sind doch die Worte in dem letzten Berichte des Comités der Victoria Street Society (vom August 1878): „Der Cultus der Humanität und mitleidiger chriſtlicher Gefühle ist eine für die Menschheit unendlich wichtigere und ungleich bringendere Sache, als alle Entdeckungen, die jemals durch Vivisection gemacht werden können — und wären es deren noch tauſendmal mehr, als die ärmlichen und meist gänzlich unbrauchbaren Resultate, die bis jetzt durch die Vivisection erreicht worden sind. Namentlich aber müſſen wir ſolche humane Empfindungen von den Aerzten verlangen, denen wir unsere Kranken anvertrauen! Die Gefühl- und Mitleidsloſigkeit, die durch das häufige Ansehen und Selbſtmitausüben von Viviſectionen in den jungen Studenten der Medicin großgezogen wird, ist der Menschheit viel gefährlicher und unheilbringender, als es je die Nichtentdeckung dieser oder jener phyſiologiſchen Thatsache sein könnte. Und es ist hundertmal beſſer, nicht nur für die Thierwelt, sondern auch für die Menschheit, wenn eine Reihe wiſſenſchaftlicher Thatsachen unbekannt bleibt, als wenn deren Kenntniß nur durch die Herzensverhärtung und Verrohung desjenigen Standes unserer Mitbürger erkauft werden kann, an deſſen Humanitätsgefühl uns im Interesse unserer Kranken so bringend gelegen sein muß."

Ein hochgebildeter Dresdner Arzt hat mir die von ihm während seiner Leipziger Universitätsstudien beobachtete Thatsache mitgetheilt, daß die Viviſectionen auf die jungen, kaum dem Knabenalter entwachſenen Studenten der Medicin einen so mächtigen Reiz ausüben, daß die letzteren den dafür bestimmten Tag immer kaum erwarten können!

Der gelehrte Dr. med. Hoggan (derselbe, der als eifriges Comité-Mitglied der Victoria-Street-Society diese Gesellschaft auf dem Pariser Thierschutzcongreß im Juli 1878 vertreten und als Vicepräſident die Arbeiten der vierten Commiſſion (für Viviſection) geleitet hat) sagt in einer seiner Flugschriften (Evidence of a Witness): „Während dreier Kriegscampagnen habe ich viel Schreckliches sehen müſſen, aber ich

gehalten, die in jeder Hinsicht eine ſchöne genannt werden darf. Wie er trotzdem mit dem öffentlichen Bekenntniſſe solcher Gesinnungen die Leitung eines Viviſectoriums vereinigen und die Curariſirung der ſämmtlichen Opferthiere geschehen laſſen kann, dieſes Räthsel zu lösen bekenne ich mich incompetent.

denke, das kläglichste Schauspiel, das ich je erblickt, war immer das, wenn die Hunde aus den Kellern des physiologischen Laboratoriums

in den Operationssaal hinaufgebracht wurden. Statt von dem Wechsel von Finsterniß zu Licht freudig berührt zu werden, schienen sie immer vom größten Schrecken ergriffen, sobald als sie nur die Luft des Folterraumes rochen, und augenscheinlich erriethen die intelligenten Thiere daraus sofort das Loos, das ihrer harrte. Sie suchten durch stürmische Liebkosungen eine nach der andern der sämmtlichen anwesenden Personen zu gewinnen und mit Augen, Ohren und Schwanzgewedel dieselben um Gnade anzuflehen — aber vergebens. Selbst nachdem sie roh angepackt und gewaltsam auf das Folterbrett hingeworfen

Schooßhund um Gnade flehend.

worden, bestand ihr ganzer Protest gegen solche grausame Behandlung nur in einem leisen Wimmern, und fuhren sie fort, noch immer die*) Hände ihrer Henker zu lecken, so lange, bis ihnen auch das Maul fest zusammengeschnürt wurde, worauf sie nur noch durch Schwanzwedeln

---

*) Dr. Latour berichtet uns, daß ein armer Hund, dem Magendie schon den Leib aufgeschnitten hatte, 2 mal sich unter dem blutigen Messer losmachte und entwischte; zuletzt umhalste derselbe in seiner Angst den Vivisector mit seinen Pfoten und leckte ihm leidenschaftlich das Gesicht, offenbar in der Hoffnung, dadurch Begnadigung zu erlangen!"

das Mitleid anzuflehen suchten. Oft wenn sie dann unter den Folterinstrumenten in krampfhafte Convulsionen verfielen, erneuerte sich ihr bittendes Schwanzgewedel, und ein leichtes Streicheln beruhigte sie augenblicklich. Ich gab ihnen häufig diesen Trost, und sie schienen es als ein Zeichen von Mitleid aufzufassen, das ihrer Tortur ein Ende bringen würde; leider aber brachte diese nur der Tod!" Herr Hoggan fährt fort: „Wäre das Gefühl der Experimentalphysiologen nicht durch die fortwährende blutige Uebung so gänzlich abgestumpft, so könnten sie unmöglich lange die Praxis der Vivisection fortsetzen. Sie remonstriren zwar immer sehr eifrig gegen den ihnen gemachten Vorwurf von Herzensverhärtung, ich muß aber sagen, daß sie nur äußerst selten Mitleiden gegen ihre Opfer bezeigen. Hunderte von Malen habe ich es bei den zahlreichen Vivisectionen, denen ich auf dem Continente beiwohnte, gesehen, daß wenn die Thiere sich unter den entsetzlichsten Schmerzen krümmten und wanden und dadurch in den feinen Apparaten Störungen hervorbrachten, sie von den Operateuren brutale Stöße und Schläge erhielten, damit sie still liegen sollten. Einer der empörendsten Gebräuche in den Laboratorien war der, daß die Professoren nach der Beendigung ihrer Experimente die schon dreiviertel zu Tode gequälten Thiere zugurterletzt noch den Studenten überließen, um, so lange noch ein Rest von Leben im Thiere blieb, daran sich in weiteren Versuchen zur Auffindung von Arterien, Nerven u. s. w. zu üben." Und schließlich sagt Dr. Hoggan: „Ich erachte die Entdeckung der Anästhetica als den größten Fluch für die armen zur Vivisection verurtheilten Geschöpfe, denn der Gebrauch derselben ist nur selten so geartet, daß den Thieren dadurch wirklich der Schmerz erspart bleibt — der beruhigende Glaube aber, daß die Physiologen bei allen ihren Operationen wirksame Betäubungsmittel anwenden, hat die beklagenswerthe Folge, daß dadurch das große Publikum in eine vollkommene Gleichgiltigkeit gegen die Frevel der Vivisection eingewiegt wird." Unter den im Report der Königl. Engl. Commission constatirten häufigen vivisectorischen Grausamkeiten möchte ich nachträglich noch die folgenden hervorheben: Den Hunden Brechmittel geben und ihnen dabei den Hals derart zuschnüren, daß kein Erbrechen erfolgen kann. Alle Arten von brennenden und zerstörenden Säuren und Giften in ihre Adern einflößen. Das Rückenmark durch Durchziehen eines Fadens in einen Entzündungszustand versetzen. Elektrische Schläge durch das offengelegte Gehirn sowie durch die Augen gehen lassen. Zuschnüren der Eingeweide, des Mastdarms, der Arterien u. s. w. Theilweises Ausschneiden und Verstümmeln innerer Organe. Irritation künstlich beigebrachter innerer Wunden durch Cantharides. Eingießen von Schwefelsäure und von siedendem Wasser in den Magen von Hunden u. s. w. u. s. w.

Fast durchgängig in allen Vivisectionsberichten kehrt regelmäßig die Klage über das Widersprechende der verschiedenen Resultate bei verschiedenen Experimenten wieder. (Man vergleiche die auf S. 40—47 angeführten Fälle!) Ein sehr geringes Maß des Nachdenkens genügt, um sofort den Grund davon aufzufinden. Der thierische Organismus ist sozusagen aus Einem Guß geformt. Er gleicht einer complicirten Maschine, deren zahlreiche Theilchen mit der größten Genauigkeit zu und in einander passen. Wird nun eines der Rädchen gewaltsam aus der Maschine herausgenommen, d. h. einer der functionirenden Theile aus dem normalen Zusammenhange mit den anderen herausgerissen, so muß selbstverständlich dadurch sofort im ganzen Apparate die größte Unordnung und Confusion hervorgerufen werden. Ein verstümmelter, gestörter und aus seinem normalen und einheitlichen Zusammenhange gebrachter Organismus ist eben deshalb kein Organismus mehr, an dem die physiologischen Gesetze studirt werden können. Die Grützner'schen, Goltz'schen und Freusberg'schen Versuche sind genau so unnütz und widersinnig, als es Experimente an einem Menschen sein würden, dem man zuvor die Nieren ausschneiden, resp. Theile seines Gehirnes „auswaschen" wollte. Nur ein geistig Blinder kann erwarten, daß nach der Verübung solcher gräßlichen Eingriffe in den Organismus die übrigen Theile noch fortfahren sollen, zu functioniren wie es sich gehört. Die physiologischen Functionen im vivisecirten Körper werden also durchaus andere als die im gesunden und normalen Körper! Und nunmehr werden aus den so häufig einander widersprechenden, durch und durch unzuverlässigen und trügerischen Experimenten an so gänzlich aus ihrem normalen Zustande herausgebrachten Thieren Schlüsse gemacht auf die Behandlung kranker Menschen!!*) (Bemerkenswerth sind in dieser Beziehung die folgenden Worte des berühmtesten aller französischen Vivisectoren, Claude Bernard: „Quelle confiance peuvent mériter des théories fondées sur des faits physiologiques inexacts? C'est un édifice qui pèche par la base.") Ist es dann ein Wunder, wenn aus den Vivisectionen immer so viele Trugschlüsse gefolgert worden sind (wie Nelaton, Fergusson und so viele Andere constatiren), und wenn in Folge dieser letzteren viele Kranke von den Aerzten durchaus falsch behandelt werden? Ist es nicht wahrscheinlich, daß Tausende, ja Hunderttausende von menschlichen Patienten in Folge so falscher Behandlung dann noch kränker gemacht, vielleicht zu Tode curirt worden sind?

Die Vivisectoren wiederholen unermüdlich die landläufige Behauptung, die berühmten Entdeckungen Harvey's über den Blutkreislauf, von Hunter über die Pulsadergeschwulst, von Simpson über die Anästhe-

---

*) Ist dies nicht genau dasselbe, als wenn man umgekehrt z. B. aus Versuchen an Menschen, denen man etwa die Nieren extirpirt oder Gehirntheile ausgewaschen, Schlüsse auf die Behandlung von Hundekrankheiten machen wollte?

tica, von Bell über die doppelte Nervenleitung wären nur der Vivisection zu verdanken. Bekannte englische Aerzte wie Dr. Bridges, Dr. Macaulay, Dr. Macilwain, Dr. Sir J. Paget und Andere haben jedoch die prüfungslose Annahme dieser vivisectorischen Dogmen verschmäht und gründlich nachgewiesen, daß jene Behauptung falsch ist, und daß jene Entdeckungen nicht aus Vivisectionen resultirt haben. Der bedeutendste englische Vivisector selbst, Dr. Brown-Séquard sagte im August 1877 in einer seiner Reden: „Die Lehren der Vivisection über die Functionen des Gehirns sind ein Gewebe von Irrthümern gewesen und sind nur erst durch klinische Beobachtungen an Menschen corrigirt worden." Genau dasselbe sagt der französische Vivisector Longet in seiner „Anatomie et Physiologie du Système nerveux".*) Legallois, ebenfalls ein großer französischer Vivisector, bekennt, daß er so viele verschiedene Resultate gehabt habe, als er Experimente machte, daß er deshalb die Vivisection schließlich ganz aufgegeben hätte, nicht ohne Bedauern, eine so ungeheure Zahl von Thieren dafür geopfert und so viel Zeit damit verloren zu haben.

„Die Vivisectoren lieben zu behaupten, man müsse der Natur „Fragen vorlegen" und sie „zum Antworten zwingen". Die Erfahrung lehrt uns jedoch, daß die Antworten, die man der Natur auf unsittlichen Wegen abzuzwingen sucht, in der Regel gerade ebenso unzuverlässig sind, wie die früher von den Inquisitoren den Gefolterten abgezwungenen Antworten.

Sir Charles Bell, eine vivisectorische Autorität ersten Ranges, schreibt: „Die Confusion ist eine Geißel der Wissenschaft und sie ist das in die Augen springendste Resultat der Vivisection." Dr. Sir Thomas Watson, ein eminenter englischer Arzt, Leibarzt der Königin und Präsident des Königlichen Doctorencollegiums, sagt, daß er alle Experimente, die man mit Droguen und Giften an Thieren mache, für gänzlich unanwendbar auf den Menschen erklären müsse (§ 59 des Reports). Genau dieselbe Erklärung gab Dr. Pritchard ab, Professor der Anatomie an der Königl. Thierarzneischule (§ 909). Und der schreckliche Magendie bekannte vor seinem Tode, daß sicher kein Arzt an sein eignes Krankheitsbette einen Doctor berufen würde, der seine Kenntnisse aus einer so zu Irrthümern führenden Quelle, wie die Vivisectionen es sind, geschöpft hätte.

Wie viele Beispiele bietet uns die Geschichte, daß verabscheuungswürdige Thaten von Fanatikern und rücksichtslosen Egoisten für nothwendig erklärt worden sind! Napoleon I. fand es „nothwendig", alle seine kranken Soldaten in Syrien zu vergiften. Torquemada und zahlreiche andere glaubenswüthige Hitzköpfe und „Männer der (theologischen)

---

*) „Mais les resultats n'étant pas uniformes chez les animaux de diverses espèces, il est urgent pour éclairer la question, d'avoir recours aux faits pathologiques receuillis sur l'homme lui même.'

Wissenschaft" des Mittelalters fanden es „nothwendig", Juden und Protestanten zu verbrennen. Unsere Juristen des 16. und 17. Jahrhunderts fanden es „nothwendig", zur Erhellung des Thatbestandes crimineller Anschuldigungen die Folter und die Daumenschrauben anzuwenden. Alles, was wir heute diesen Männern sagen würden, könnten sie von Neuem unter uns erscheinen — genau alles dasselbe können wir unseren Vivisectoren entgegnen auf ihre unermüdlich wiederholte Behauptung von der absoluten „Nothwendigkeit" der Vivisectionen. Ihr stereotyper Einwand: „Nur wir, die Männer der Wissenschaft, haben die Befugniß, die Frage über die Berechtigung der Vivisection zu entscheiden, nicht aber Ihr, Ihr unwissenschaftlichen Laien!" hat genau denselben logischen Werth, als wenn die Fanatiker der spanischen Inquisition sich gegen humane Gegenbestrebungen durch den Ausspruch hätten verwahren wollen: „Nur wir, die Männer der höchsten: der theologischen Wissenschaft haben eine maßgebende Stimme über die Zulässigkeit unserer Handlungen abzugeben." Gerade wie damals das Erwachen des Gewissens der Laien nothwendig war, um den schändlichen Uebertretungen des Sittengesetzes seitens der Männer der Gelehrtenzunft entgegenzutreten, so ist es auch heute wieder das Gewissen der Laien, das ethische Gefühl der großen gebildeten Gesellschaft, das den unverantwortlichen Versündigungen gegen das Moralgesetz seitens gefühlsverhärteter und abgestumpfter Mitglieder der Physiologenzunft endlich ein gebieterisches Halt zurufen muß. In England sind dem Parlamente bis zum 11. Januar 1877 bereits 772 Petitionen mit 145,774 Unterschriften gegen die Vivisection übergeben worden!! Wenn diese Thatsache von dem tiefen Moralitätsgefühle der reichsten und mächtigsten, der vorgeschrittensten und hochentwickeltsten aller Nationen des Erdballs ein lebendiges Zeugniß ablegt, — welches traurige testimonium paupertatis würde die deutsche Nation ihrem Humanitätsgefühle ausstellen, wenn sie noch länger in ihrer absoluten Indifferenz gegenüber einer so wichtigen Culturfrage verharren wollte!

Es gereicht mir zur großen Freude, einen bedeutsamen Fortschritt in dem Kreuzzuge der Humanität gegen die Vivisection hier verzeichnen zu können. Herr J. Cowie, Mitglied des königl. thierärztlichen Collegiums zu London, hat sowohl dem italienischen Parlamente, als auch dem französischen Ministerium für Ackerbau und Handel eine von 500 **englischen Thierärzten unterzeichnete Petition übergeben, die auf die gänzliche Abschaffung der Vivisection als Lehrmittel in den Thierarzneischulen bringt.** In seiner Antwort vom 30. Juli 1878 zeigte der französische Minister Herr Teisserenc de Bort Herrn Cowie an, daß er in Folge von dessen Petition an alle Directoren der französischen Thierarzneischulen den Befehl habe ergehen lassen, daß die einzigen künftig noch zur Instruction der Zöglinge zu gestattenden Operationen an lebenden Thieren: der Aderlaß, das Haarseil, der Luftröhrenschnitt und die Punktirung sein sollen. Auch sollen die Thiere sofort nach der Operation in der raschesten Weise schmerzlos getödtet werden.

Endlich also hat das französische Ministerium eingesehen, daß die vielen grausamen Quälereien, wodurch früher die Thierarzneischule von Alfort einen so traurigen Ruhm gewonnen hat, gänzlich überflüssig waren! Und in der That: warum sollten denn zur Erlernung der praktischen Geschicklichkeit der Thierärzte die zahlreichen Uebungen an lebenden Thieren nothwendig sein, da doch die Menschen-Operationskunst, die Chirurgie, ganz ohne alle solche Uebungsversuche an lebenden Menschen sich auf ihren so hohen heutigen Standpunkt emporgeschwungen hat! Und in Bezug auf die vermeintliche Nothwendigkeit der Vivisectionen für die wissenschaftliche Menschenheilkunde muß ich auf den jüngstverstorbenen berühmten Wiener Professor Rokitansky hinweisen, der seine epochemachenden pathologischen Entdeckungen bekanntlich nicht Vivisectionen verdankte (wogegen er eine unüberwindliche Abneigung hatte), sondern seinem Nachdenken über die Resultate von 30,000 von ihm selbst ausgeführten Leichenöffnungen!*) Noch mögen die vortrefflichen Worte des Dr. med. F. A. Hartsen, eines wackeren schweizer Arztes, hier Platz finden, die ich einem in der Berliner Thierschutzzeitschrift „Ibis" unter der Ueberschrift: „Wissenschaft und Thierquälerei" erschienenen Artikel entnommen habe:

„Die Vivisectoren, die durch die Veröffentlichung ihrer zahlreichen Experimente sich einen Namen machen wollen, möchten doch bedenken, daß es nicht blos darauf ankommt, bei der Nachwelt berühmt zu werden, sondern auch darauf, von ihr geliebt zu werden. Wer aber den Gang der Geschichte und das ernste Gericht, das sie hält, einigermaßen kennt, der wird nicht zweifeln können, daß die Nachwelt auf die Vivisectoren unseres Jahrhunderts zurückblicken wird mit dem gleichen Abscheu, von dem wir heute bei dem Gedanken an die Inquisition und Hexenmörder der früheren Jahrhunderte befallen werden. Ist doch der Thierquäler schon jetzt der Gefahr ausgesetzt, daß ihm der edelste und einflußreichste Theil der gebildeten Gesellschaft den Rücken zuwendet. Wer hat gern einen Arzt ohne Herz und Mitgefühl? — So viel ist gewiß: die Erkenntniß hervorragender Heilmittel, wie Chinin, Opium, Chloral u. dergl. verdanken wir nicht der Vivisection. Resultate von hervorragender Bedeutung sind nicht durch Vivisectionen gewonnen worden. Sollten die Freunde der Vivisection das Gegentheil behaupten, so ist ihnen zu

---

*) „Die Gutherzigkeit und der edle Sinn Rokitansky's zeigten sich auch in seinem wissenschaftlichen Beruf. Er konnte es nie sehen, wie die Kaninchen bei lebendigem Leibe geschunden wurden, wie die Nerven der lebenden Thiere bloßgelegt wurden u. s. w. Nur schweren Herzens und mit großer Seelenpein hat Rokitansky den Vivisectionen beigewohnt, wenn er mußte, stets hat er sich ihnen entzogen, wenn er konnte, und niemals hat er, der weit über 30,000 Menschenleichen secirte, an einem lebendigen Thiere experimentirt." S. die Biographie Rokitansky's im Bremer Curier Nr. 206 vom 27. Juli 1878.

erwidern, daß „behaupten" sehr leicht ist. Nicht durch Behauptungen sind wir zu überzeugen — Beweise, Thatsachen verlangen wir. Sind die Ergebnisse der Vivisection wirklich von so hoher Bedeutung, wie unsere Gegner uns glauben machen wollen — nun wohl, so fordern wir sie auf, ein Verzeichniß der wirklich bedeutenden Erfolge ihres Untersuchungsverfahrens zu geben. Aber sie können das nicht, denn diese Ergebnisse sind höchst dürftig.*) Trotz der wirklich schaubererregenden Zahl von Thieren, die für sogenannte wissenschaftliche Versuche unter namenlosen Qualen geopfert worden sind, sind wir der Einsicht der geheimnißvollen Verrichtungen der Nerven, geschweige denn des Lebens kaum einen Schritt näher gekommen als vor 2 bis 3 Jahrhunderten, und hinge die Wissenschaft und ihre Entwickelung von Vivisectionen ab, so würde eine Zahl von Opfern erforderlich sein, vor welcher sogar ein Vivisector wie Montegazza zurückschaudern müßte. Aber ich wiederhole es: Wissenschaft ist nicht Alles, nicht einmal das Höchste in der Welt, sonst würde ja auch Vivisection am Menschen gerechtfertigt sein. Nicht nur die Wichtigkeit der Erkenntniß, sondern auch die Erkenntniß selbst hat ihre Grenze. Die höchsten Fragen der Wissenschaft bleiben trotz aller Anstrengungen unlösbare Räthsel. Hauptsache bleibt immer: sittlich gut sein. Nebenbei viel zu wissen ist ganz vortrefflich, aber diesem Zwecke alles opfern zu wollen, das geht zu weit." So weit Dr. Hartsen. Ich möchte seinen Worten noch diese beifügen: Grausamkeit ist und bleibt unter allen Umständen ein unentschuldbares Verbrechen und eine Schande für den Culturmenschen, und dieselbe als „Mittel zur Erreichung humaner Zwecke" rechtfertigen zu wollen, ist moralisch genau dasselbe, als wenn ein Raubmörder seine That damit zu entschuldigen suchte, daß er das geraubte Gold einem Hospitale oder einem Waisenhause schenken wollte.**)

Nach allen diesen Herzensergießungen und Citaten drängt sich mir die Frage auf: Was haben wir von der Zukunft zu erwarten? Ein Besuch in Bremen, den ich im Septb. v. J. ausführte, hat mir in dieser Richtung hoffnungsvolle Aussichten eröffnet. In Herrn Kühtmann, dem Vorstande des dort seit einem Jahre bestehenden (und von demselben begründeten) „Großen Deutschen Reichsbundes" zum Schutze der Thiere" habe ich einen Heroen des Thierschutzes kennen gelernt, dessen Energie, Activität und bisherige Erfolge ich aufrichtig bewundern

---

*) Prof. Schiff in Genf hat, wie englische Blätter ausgerechnet haben, zu seinen Vivisectionen bis jetzt bereits 14,000 Hunde verbraucht (seit 20 Jahren jährlich durchschnittlich 700). Wenn dies wahr ist, so drängt sich uns die Frage auf: welche Entdeckungen hat denn er in Folge aller dieser Vivisectionen gemacht??

**) Im August 1878 ist noch eine weitere Schrift: „Die dunkelste Seite der Wissenschaft und ihre Enthüllung" von Willibald Wulff (dem Vorsitzen den des Schleswiger Thierschutzvereins), Hamburg, bei W. Penser, Pr. 50 Pf, erschienen, die ebenfalls in wärmster Weise die Nothwendigkeit der endlichen Erlassung eines deutschen Vivisectionsgesetzes demonstrirt. —

muß. Er hat einen Jugendbund gegründet, der bereits in Bremen eine ganz außerordentliche Theilnahme gefunden hat. Die Grundidee des Herrn K. ist diese: „Bei älteren Personen läßt sich die einmal eingetretene Herzensverhärtung nicht wieder beseitigen, das weiche Herz des Kindes aber ist noch sehr leicht vor Verhärtung und Verwilderung zu bewahren." Jedes neu eintretende Mitglied des Bundes unterschreibt den folgenden Satz:

„Ich trete in den großen deutschen Reichsbund zum Schutze der Thiere ein und verpflichte mich durch meine Namensunterschrift: nie in meinem Leben ein Thier zu quälen, sei es groß oder klein, und auch zu verhindern, wo ich kann und wie ich kann, daß Thiere von Anderen gequält werden."

Kein Geldbeitrag irgend einer Art ist zu leisten, denn der Verein, von dem Herr K. hofft, daß er sich allmälig über alle Schulen des ganzen deutschen Reiches ausbreiten werde, soll ein universeller sein und also nicht nur Reichen, sondern auch Armen offen stehen. Ja, es wird auf den Eintritt der Letzteren ein ganz besonderer Werth gelegt, und werden daher junge Dienstboten, Arbeitsleute und Landleute ebenso willkommen geheißen, als die Söhne von Patriciern und wohlhabenden Bürgern. Hauptsache ist eben, daß die menschenveredelnde Idee des Thierschutzes möglichst in die Massen bringe, denn es ist noch lange nicht genug, wenn nur die höher gebildeten Klassen der Bevölkerung dafür gewonnen sind. Vorzüglich ist auch der Eintritt von Mädchen und Frauen erwünscht, da dieselben zukünftig als Gattinnen und Mütter den mächtigsten Einfluß auf ihre Gatten und Kinder ausüben können. Ebenso sind auch natürlich alle Confessionen ohne Unterschied willkommen. In dem kurzen Zeitraume von einem Jahre hat der Bund bereits schon 9000 Mitglieder in Bremen allein erworben, wovon 4000 Kinder über 10 Jahre und 5000 „Protectoren", d. h. Erwachsene, sind. Unter den Letzteren befinden sich der wackere Ober-Präsident von Westphalen, Herr v. Kühlwetter, der Bürgermeister von Bremen und ehemalige Reichsminister Duckwitz, der französische Consul Marquis de Monclar, fast die sämmtlichen protestantischen, katholischen und jüdischen Geistlichen, sowie der größte Theil der Lehrer von Bremen. Die Theilnahme und Sympathie für die schöne Organisation des Herrn Kühtmann ist in Bremen bereits so allgemein geworden, daß öfter aus eigener Initiative ganze Trupps von Kindern zwischen 10 und 14 Jahren zu demselben kommen, um ihre Namen in die Listen des Bundes einzuzeichnen. Bei den häufigen Spaziergängen, die ich mit Herrn K. in den schönen Parkpromenaden der stattlichen Hansestadt machte, berührte es mich ungemein freundlich, wenn von allen Seiten liebliche Kinder mit frischen rosigen Gesichtchen auf meinen Begleiter zuliefen und dem freundlichen, durch seine stattliche Größe und seinen silberweißen Vollbart doppelt ehrwürdig erscheinenden „Onkel Fritz", wie sie ihn alle nannten, fröhlich die Hand drückten.

In 6 bis 10 Jahren wird ein großer Theil der jugendlichen Mitglieder des von Herrn K. in's Leben gerufenen Bundes zu Männern und Frauen herangereift sein. Sollte bis dahin die Hoffnung des Stifters in Erfüllung gehen, daß der Bund allmälig über das ganze deutsche Reich Verbreitung fände, so wird sich dann mit der Zeit ein zahlreiches Kriegsheer der Humanität angesammelt haben, das zuletzt so stark und unwiderstehlich sein wird, um alle Opposition der hoch=mütigen Corporation der Vivisectoren über den Haufen zu werfen und den Kreuzzug der Menschlichkeit gegen die Grausamkeit zu siegreichem Abschluß zu bringen. Und namentlich ist es, wie ich schon bemerkte, der Masseneintritt von **Mädchen** und **Frauen** in den Bund, der die herrlichsten Folgen haben würde, und den wir daher auf das Dringendste wünschen müssen. Die großartige Humanitätsbewegung in England ist ja auch im Anfange hauptsächlich durch den Impuls hochgebildeter **Frauen** entstanden. Die sittliche Empörung dieser edlen Hüterinnen des Sittengesetzes riß nach und nach auch die Männer mit fort, und so kam es allmälig dahin, daß jetzt die höchsten Spitzen der Aristokratie und der Geistlichkeit England's sich dem Feldzuge gegen die menschheitsschändenden Excesse der Vivisection angeschlossen haben, daß protestantische und katholische Kirchenfürsten in brüderlicher Eintracht an den Comitee=Tischen der Antivivisectionsgesellschaften neben einander=sitzen, und daß ein hartnäckiges Eintreten der verbissenen Fanatiker für die unbeschränkte Freiheit der wissenschaftlichen Thierquälerei die Folge hat, denselben die Salons der höchsten Aristokratie vollständig zu verschließen. Die feinfühlende vornehme Engländerin duldet in ihrer Gesellschaft keinen Mann, dessen rohe Seele den Gefühlen des Mitleids und des Erbarmens unzugänglich ist, und in ihren Augen geben edle und menschliche Gefühle dem Manne einen ungleich höheren Werth, als bloße todte Massen von zusammengestapeltem Wissen.*) Möchten

---

*) Das folgende kleine Ereigniß ist zu bezeichnend, um nicht hier mit er=wähnt zu werden. Zu einem Concert in Florenz war eine zahlreiche aristo=kratische Gesellschaft versammelt. Eine hochelegante und bildschöne junge russische Fürstin zog durch ihren herrlichen Wuchs und ihren prachtvollen Dia=manten= und Perlenschmuck Aller Augen auf sich. Plötzlich, gerade als das Concert beginnen sollte, erhob sich die junge Dame wie von einem Schauder ergriffen und verließ erregt den Saal. Eine Freundin hatte ihr soeben die Mittheilung gemacht, daß die neben ihr sitzende Dame die Gattin des berühmten Vivisectors Schiff sei. (Siehe über dieses pikante Begebniß auch Ibis 1878 Nr. 3 und Hausfreund Heft 8 Nr. 16.) — — — — — Dieses kleine Ereigniß gab natürlich für einige Tage den Gesprächsstoff für ganz Florenz. Welche Macht könnten doch unsere Frauen und Mädchen in der Gesellschaft ausüben, wenn sie bei entsprechenden Gelegenheiten ähnlich handeln wollten wie jene feinfühlende Russin! Denn mögen die Vivisectoren sich aus dem Verdammungsurtheil von Männern auch nicht einen Pfifferling machen — die Schande, von den Königinnen der Gesellschaft verabscheut zu werden, ertragen sie nicht, schon wegen ihrer eigenen Frauen und Töchter. Seit jenem Tage soll Professor Schiff sich äußerst eifrig bemüht haben, die

doch unsere deutschen Frauen, sowie unsere Geistlichen und Lehrer es endlich erkennen, daß vor Allen ihnen die sittliche Aufgabe zufällt, eine neue Generation mitleidiger und barmherziger Menschen heranzuziehen. Die Grundsätze des Thierschutzes müssen als integrirender Theil der Erziehung schon in den Schulen in die Herzen der Kinder eingepflanzt werden, und Lehrer wie Mütter mit Sorgfalt den Keim des Mitgefühls in den Kleinen hüten und pflegen. Die Früchte einer solchen Erziehung werden wahrlich nicht allein den Thieren, sondern noch viel mehr den Menschen selbst zu gute kommen, denn die Begriffe „Thierschutz" und „Menschenschutz" decken einander vollständig und sind von einander völlig unzertrennlich. Diese einleuchtende Wahrheit liegt auch den goldenen Aufschriften zu Grunde, welche Besucher der diesjährigen Pariser Weltausstellung in dem „Pavillon für Thierschutz" lesen konnten: „Gott hat uns nicht zwei Seelen gegeben, die eine grausam gegen die Thiere, die andere wohlwollend gegen die Menschen. In der Brutalität gegen das Thier und der Grausamkeit gegen den Menschen besteht nur der Unterschied des Opfers. Grausamkeit gegen Thiere macht unabänderlich das Herz zugleich empfindungslos gegen die Leiden des Menschen."

Was soll nun geschehen? Die deutschen Thierschutzvereine sollten zunächst dafür sorgen, daß die gesammte deutsche Nation durch allgemeine Verbreitung der Schriften von Jatros, Flemming, Elpis Melena, Wulff, und dieser vorliegenden über das Wesen und die Bedeutung der Vivisection aufgeklärt werde. Dann sollten sich die Vereine über die Abfassung einer Petition an den Reichstag vereinigen, die nach ihrer Annahme ein paar Wochen lang in sämmtlichen deutschen Städten zur Sammlung von Massenunterschriften öffentlich ausliegen müßte. Hierauf sollten in jeder deutschen Stadt einige Personen zusammentreten zu dem Zwecke, Unterschriften für diese Petition zu sammeln. Die Letztere hätte entweder die gänzliche Abschaffung der Vivisection oder wenigstens die äußerste Beschränkung derselben zu beantragen. Um die öffentliche Aufmerksamkeit auf die Sache zu ziehen, dürfte es sich sehr empfehlen, in den Schaufenstern aller Buchhandlungen die bekannten durch Lichtdruck vervielfältigten Bilder: „Die Greuel der Vivisection" auszulegen. Darunter müßten die großgedruckten Worte zu lesen sein: „Hier werden Zeichnungen für die Gesammtpetition der deutschen Thierschutzvereine gegen Vivisection angenommen." Wenn diese Bilder einige Wochen lang in den Schaufenstern belebter Straßen ausliegen würden, so würden dadurch viele Tausende von Unterschriften zu erlangen sein. Denn welcher Mensch von Gefühl würde diese naturgetreuen bildlichen Darstellungen anschauen können, ohne zu schau-

Gunst der Thierschutzvereine zu gewinnen und sie zum Zuschauen bei seinen Experimenten einzuladen (die er natürlich seitdem zweckentsprechend wesentlich abgeändert haben wird).

v. Weber, Folterkammern 5

dern und ohne sofort den Wunsch zu hegen, zur Beseitigung solcher Frevel auch sein Scherflein mit beitragen zu können? Und wenn er nun diesem Wunsch sofort durch Abgabe seine Unterschrift an Ort und Stelle genügen könnte (das Eisen ist bekanntlich zu schmieden, so lange es warm ist), so würden durch die einfache und so wenig kostspielige Auslegung der Bilder den Thierschutzvereinen viele Tausende von Mitstreitern aus dem Volke zugeführt werden, die sämmtlich die Petition unterzeichnen würden. Mein verehrter Freund, Herr Kühtmann, hat dasselbe Mittel bereits mit gutem Erfolg in Bremen versucht. Das Schaufenster einer vielbesuchten Cigarrenhandlung, worin das große Vivisectionsbild einige Wochen aushing, war den ganzen Tag über von einem erregten Publikum umdrängt. Ausbrüche der äußersten Empörung, Worte wie: „Mein Gott, wer hätte das glauben können, daß solche Schändlichkeiten bei uns gesetzlich gestattet sind!" u. s. w., waren häufig unter den Zuschauern zu hören. Hätte eine großgedruckte Aufforderung zur Unterzeichnung einer Petition daneben im Fenster gelegen, so würden wohl neun Zehntheile aller Vorübergehenden, nachdem sie dem Bilde eine Minute der Betrachtung geschenkt, die kleine Mühe nicht gescheut haben, in den Laden zu gehen und ihren Namen auf die Liste zu setzen. Dies ist die Art, wie agitirt werden muß — auf andere Weise würde es bei dem Riesenphlegma unseres Volkes nur äußerst langwierig sein, die vielen Tausende von Unterschriften zusammenzubringen, die wir brauchen. Ich gebe gern zu, daß sich auch Manches gegen diese Agitationsmethode sagen läßt, namentlich in Rücksicht darauf, daß die Bilder auf diese Art auch vielen ganz ungebildeten Leuten, Gesellen, Straßenjungen u. s. w. vor Augen kommen. Aber die Vortheile dieses öffentlichen Aushängens sind hinsichtlich des damit unmittelbar zu erreichenden Zweckes so ungeheuer überwiegend, daß die Befürchtung eines übeln Einflusses auf einzelne Personen dagegen weit zurücktreten muß. Die Oeffentlichkeit ist eine Macht, der heutzutage nichts mehr widerstehen kann. So lange die Frevel der Vivisection hinter dem Publikum unzugänglichen Mauern und versteckt unter dem imponirenden Schleier der „heiligen Wissenschaft" vor sich gehen, so lange wird es eine außerordentliche Schwierigkeit haben, das große Publikum dagegen zu erregen und zu erwärmen. Aber wenn mit kühner Hand der dichte Schleier zerrissen und die vivisectorische Grausamkeit, von der ich so viele eclatante Beispiele angeführt, in ihrer nackten Scheußlichkeit an's Licht gezogen und an den Pranger der Oeffentlichkeit gestellt wird — dann, aber dann ganz sicher dürfen wir hoffen, daß auch endlich durch unser Land der Schrei der sittlichen Empörung ertönen werde, der schon vor zwei Jahren ganz Großbritannien durchhallte. Und es müßte wahrlich sehr traurig um das Humanitätsgefühl des deutschen Volkes bestellt sein, wenn die Folge davon nicht, ebenso wie in England, die Unterzeichnung von Hunderttausenden von Namen unter unserer Petition zur gesetzlichen Beschränkung der Vivisection sein würde!

Zunächst aber ist es die sittliche Aufgabe und Pflicht der **deutschen Zeitungspresse**, aus der gleichgiltigen Haltung, die sie bis jetzt dieser dringenden Humanitätssache gegenüber eingenommen, herauszutreten und das Ihrige zu thun, damit die Sonnenstrahlen der Oeffentlichkeit endlich die dunkeln Räume der Marterkammern erhellen, in denen unter dem ausgehängten Banner der Wissenschaft und unter der Lüge der Nothwendigkeit für menschliche Wohlfahrt fortwährend so unsägliche Greuel und Frevel gegen das Sittengesetz verübt werden. Die Leitartikel der speciellen Thierschutzblätter genügen wahrlich nicht, um die innere Stimme des Gewissens der ganzen Nation zu erwecken, denn der Kreis ihres Einflusses ist ein viel zu beschränkter. Möchten doch einige der größeren deutschen Zeitungen, namentlich aber die Localblätter großer Städte, nur erst sich entschließen, ihre Spalten den Federn unserer Thierschutzkämpfer unbeschränkt zu Gebote zu stellen! Die ungeheure Mehrheit des gebildeten Publikums, namentlich aber die gesammte Frauenwelt, fühlen in dieser Sache gleich wie wir — es kommt nur darauf an, sie zunächst mit den Dingen, die da vorgehen, vollständig bekannt zu machen. Das Interesse des Publikums für dieses Thema würde bei wiederholter Anregung sehr bald erwachen, gerade so wie vor 2 Jahren in England, und dann würden die betreffenden Redactionen nicht nur einer guten Sache, sondern auch ihrem eigenen privaten Interesse einen nützlichen Dienst erwiesen haben.

Gerade im Begriff, das vorliegende Manuscript zur Druckerei zu senden, erhalte ich aus Leipzig von meinem Buchhändler ein Werk zugesendet, dessen Inhalt mich außerordentlich erfreut. Es ist der zweite Theil des 2. Bandes der „Wissenschaftlichen Abhandlungen" von Friedrich Zöllner, Professor der Astrophysik an der Universität Leipzig, Mitglied der Akademie der Wissenschaften 2c.

In dem Artikel „Ueber die Freiheit der Wissenschaft und die Nothwendigkeit einer sittlichen Wiedergeburt des deutschen Geistes"*) spricht der berühmte Astronom und Mathematiker ein so vollständiges und rückhaltloses Verdammungsurtheil aus gegen die unsere Cultur entehrenden Frevel der Vivisection und übt eine so vernichtende Kritik gegen den Director des Berliner physiologischen Institutes, Professor du Bois-Reymond, daß ich meine Leser nicht genug auf dieses werthvolle Buch aufmerksam machen kann. Die Stimme einer der ersten wissenschaftlichen Capacitäten unserer Landesuniversität wird nicht ungehört verhallen! Mit scharfer Logik weist Herr Professor Z. nach, worin die von Professor du Bois-Reymond bei unsern jungen Medicinern constatirte und von demselben so bitter beklagte Zunahme der sittlichen Verwilderung ihren Ursprung hat. Zugleich deducirt er mit überzeugender Klarheit, daß Herr du Bois-Reymond, der übereifrige Vertheidiger der

---
*) Seite 1111—1173. Die erste Auflage meines Vortrages gegen die Vivisection ist darin vollständig abgedruckt und vom Verfasser der deutschen Regierung zur Beherzigung anempfohlen.

Vivisection, in dieser Frage hinsichtlich ihrer ärztlichen Bedeutung ein „vollkommener Ignorant" sei. Ueber unsern Jatros, den Autor der epochemachenden Schrift „Die Vivisection 2c." äußert sich Professor Zöllner: Der unter diesem Pseudonym verborgene, verdienstvolle deutsche Mann ist mir als ein tief philosophisch und mathematisch gebildeter Arzt aus Königsberg persönlich bekannt. Er hat neben seinen mediciniſchen Fachstudien aus Neigung auch Astronomie, Mathematik und Physik getrieben. Er hat zu den Füßen eines Bessel gesessen 2c. Auf Seite 1155 seines Buches weist Professor Zöllner nochmals auf die folgenden goldenen Worte unseres Jatros hin:

„Die Biologen und Physiologen jagen Zwecken nach, die sie mit ihren Mitteln nicht erreichen können, denn die theoretische Vernunft, das einzige Werkzeug, das sie anerkennen, ist, wie uns Kant bewiesen hat, unfähig, das Wesen der Dinge zu erfahren. Das vivisectorische Experiment also, dessen Greuel durch jene Zwecke geheiligt werden sollten, und das wir aus moralisch-ethischen Gründen verdammt haben, entbehrt selbst erkenntniß-theoretisch jeder Rechtfertigung. Will man daher auf legislatorischem Wege gegen eine Unsitte, wie die Vivisection, zu Felde ziehen, so sind wir der Meinung, daß dies nur dann in vernünftiger Weise geschehen kann, wenn man dem Gesetze die Form eines einfachen und allgemeinen Verbotes gibt. Denn wenn es sich hier (wie ja auch bei der Lüge) um eine Frage handelt, welche einige theoretisch schwer zu lösende Widersprüche enthält, so ist klar, daß die praktische Lösung dieser Widersprüche dem öffentlichen Bewußtsein überlassen bleiben muß, das in den Staatsgewalten vertreten sein soll. Da es immer nur auf den Geist eines Gesetzes ankommt, so ist es thöricht, diesen Geist durch viele Buchstaben zu tödten, denn der Buchstabe ist das einzige an einem Gesetze, welches umgangen werden kann."

Prof. Zöllner fügt hieran folgende weitere Bemerkung: „Um uns Deutschen nicht, wie bisher, den Vorwurf des unpraktischen Idealismus zu machen, wenn es sich um die Beseitigung eines klar erkannten Uebels handelt, möchte ich mir den Vorschlag erlauben, unmittelbar nach Genehmigung des Gesetzes gegen die Ausschreitungen der Socialdemokratie dem Reichstage ein Gesetz vorzulegen, dessen einziger Paragraph kurz folgendermaßen lautet:

„Die Vivisection in den physiologischen Instituten ist innerhalb des Deutschen Reiches verboten."

„Ich bin von der moralischen und wissenschaftlichen Nothwendigkeit dieses Gesetzes fest überzeugt. Wird das moralische Gefühl auf diesem Gebiete abgestumpft, so sinkt hiermit auch der moralische Instinct auf anderen Gebieten."

Auch ich bin entschieden der Meinung, daß es besser ist, principiell die Vivisection zu verbieten und dann nur Ausnahmsfälle zu präcisiren, in denen unter gewissen einschränkenden Bedingungen noch vivisectorische Versuche erlaubt sein sollen, als wenn die Vivisection

principiell gestattet und dadurch legalisirt und dann eine aus zahl=
reichen langathmigen Paragraphen zusammengesetzte Verordnung zur
Controle der vivisectorischen Experimente erlassen wird. Denn es ist
eine platte Unmöglichkeit, alle die Fälle juristisch scharf zu definiren,
die vom Gesetze verhindert oder unterdrückt werden sollen. Das Gesetz
soll in der Hauptsache ein Präventivgesetz sein und nicht nur ein Gesetz
zur Bestrafung bereits verübter Vergehen. Wie nun alle möglichen
einzelnen Fälle so genau vorausberechnen und umgrenzen, daß der
Richter sofort einen klar definirbaren Thatbestand übersehen kann? In
der Ausführung würden die einzelnen Punkte einer solchen detaillirten
Verordnung jedenfalls immer leicht umgangen werden können, und dann
bliebe es in der Hauptsache immer beim Alten.

Welchen Eindruck die in der dritten Auflage*) meiner Schrift
enthüllten Thatsachen über die von gewissen deutschen Professoren ver=
übten vivisectorischen Heldenthaten auf das englische Publikum machen,
davon gibt unter Anderem der folgende redactionelle Artikel im Daily
Chronicle vom 27. Septemb. 1878 Zeugniß: „Es ist unmöglich für
Jeden, der eine Spur von Menschlichkeitsgefühl in sich trägt, die neuen
Thatsachen, die Ernst von Weber an's Licht der Oeffentlichkeit bringt,
ohne Gefühle der Entrüstung und Verachtung zu lesen. Die Auszüge
aus den Originalberichten deutscher Vivisectoren enthüllen uns eine Reihe
der zügellosesten und empörendsten Grausamkeiten, verübt im Namen
der Wissenschaft von Männern, die von der Natur zu Baschi=Bozuks
bestimmt waren, aber nicht zu Physiologen. Einer dieser gelehrten **
— — — — — — — — — — brüstet sich, Katzen in einen
Brütofen gethan zu haben, um sie darin ganz langsam zu ersticken
u. s. w. Prof. Goltz prahlt mit der Thatsache, „daß es noch Niemandem
gelungen sei, bei längerer Erhaltung des Lebens das Gehirn von Hunden
so übel zuzurichten, als ihm selbst" u. s. w. Alle diese Experimente,
ohne Ausnahme, wurden offenbar zu keinem andern Zwecke unternommen,
als zur Befriedigung professioneller Eifersucht, und das große Resultat
davon war einfach dieses, daß die Confusion der Meinungen und Hypo=
thesen dadurch nur noch eine viel verwickeltere geworden ist. Kein
nützlicher Zweck wurde durch irgend eines dieser Experimente erreicht,
und es erscheint uns nichts mehr geeignet, um dem
Publikum Verachtung gegen die Wissenschaft einzupflanzen,
als eine Fortdauer solcher die Grausamkeit zu einer „feinen Kunst"
erhebenden und jeden wirklich gebildeten Menschen mit Ekel und Abscheu
erfüllenden Experimente."

Ich hielt es für angemessen, hier zu constatiren, wie diese Seite un=
serer hochgerühmten Cultur dem gebildeten Publikum jenseits des Canals
erscheint, und erlaube mir nun noch schließlich zwei Wünsche auszu=

---
*) Die bisherigen Auflagen dieser Schrift wurden in 3500 Exemplaren
über England verbreitet. Auch eine dänische Uebersetzung ist im Werke.

sprechen, deren Verwirklichung die Sache der Humanität mächtig fördern
würde.
Erstens wäre die Gründung einer deutschen Gesellschaft
zum Schutze der, der Vivisection unterworfenen Thiere
zu erstreben. Dieselbe könnte sich an die große Victoria-Street-Society
in London als Zweiggesellschaft anschließen, was viele Vortheile
haben würde, namentlich auch in Beziehung auf periodische Unterstützung
durch Geldmittel. Der Victoria-Street-Gesellschaft stehen die folgenden
Herren vor:
Präsident: Earl of Shaftesbury (ein in England hochgefeierter Staats=
mann),
Vicepräsidenten: Der Erzbischof von York,
W. Cowper Temple, Parlamentsmitglied,
Earl of Portsmouth,
Cardinal Manning,
Lord Oberrichter Coleridge,
Marquis of Bute,
James Stansfeld, Parlamentsmitglied,
Prinz Lucian Bonaparte,
Earl of Darnley,
Der Bischof von Winchester,
Der Bischof von Gloucester,
Der Bischof von Manchester,
Lord Oberrichter Sir Fitzroy Kelly,
Reverend Baughan,
Der Abt von Westminster.
Unter den Mitgliedern der Gesellschaft befinden sich 27 Parla=
mentsmitglieder. Die Gesellschaft hat correspondirende Mitglieder in
34 größeren Städten Europa's und Amerika's. Seit August 1878
hat auch diese Gesellschaft, wie die übrigen fünf engli=
schen, die gänzliche Abschaffung der Vivisection auf ihre
Fahne geschrieben.
Da in England eine große Zahl von Personen die ärztliche Hilfe
von solchen Doctoren verschmäht, die Anhänger der Vivisection sind,
so hat neuerdings eine der Antivivisections=Gesellschaften (die Inter=
nationale) ein Buch in ihrem Bureau ausgelegt, in welches diejenigen
Aerzte, welche die Vivisection verdammen, sich einzuzeichnen eingeladen
sind. Die Liste ist nicht zur Publicität, sondern nur für die private
Nachfrage bestimmt. Es haben sich bereits 150 Doctoren ein=
gezeichnet!
Mitte November 1878 wurde in Brighton zur Sammlung wei=
terer Geldmittel für die Antivivisectionsgesellschaften ein großer „Bazar"
abgehalten, dessen Comité=Liste unter Anderem die Namen von 1 Bischof,
7 Generalen und Admiralen, 4 Doctoren der Medicin, 4 Generalstabs=
Officieren und Professoren und 95 Damen des hohen Adels enthielt.

Unter den Letzteren befanden sich 4 Marquisen, 75 Ladies (Gattinnen von Lords), 12 Gräfinnen und 4 Vicomtessen. (Möchten sich doch unsere deutschen Edelfrauen hieran ein Beispiel nehmen!)

Auch des Londoner Journals The Antivivisectionist möchte ich erwähnen, welches speciell die Interessen der Antivivisections-Gesellschaften vertritt.

Zweitens würde es unsern humanen Zweck ungemein fördern, wenn eine große internationale Gesellschaft von Frauen zum Schutze der Thiere begründet werden könnte. Der Einfluß gebildeter Frauen auf die Gesellschaft ist ein ungeheurer, und nicht umsonst sagt das Sprichwort: Femme veut Dieu veut! In die Herzen der Mädchen und Frauen, dieser edelsten Blüthen und Blumen der Menschheit, hat der Schöpfer das zarte Gefühl des Mitleids und des Erbarmens so tief hineingelegt, daß dessen Wurzeln nur selten durch rauhe äußere Einflüsse verdorren und verkümmern werden. In England ging der erste Impuls zur Gründung der 6 großen Antivivisections-Gesellschaften von den Frauen aus, möchte es in Deutschland ebenso sein! Ich kenne die Namen einer Anzahl von Frauen, die in verschiedenen Ländern Europa's wohnen und die sowohl durch ihre tiefe Herzens- und Geistesbildung als ihre hohe gesellschaftliche Stellung die höchste Achtung und Verehrung verdienen. Es käme darauf an, diese Damen, die, wie ich bestimmt weiß, sämmtlich unsere Empörung gegen die Vivisection theilen, einander durch briefliche Correspondenz näher zu bringen, so daß sie sich über die Art und Weise eines künftigen Zusammenwirkens vereinigen könnten. Es würde mich glücklich machen, zu dieser gegenseitigen Annäherung dadurch mit beitragen zu können, daß ich solchen Damen, die sich zu einem Vorgehen in dieser Sache geneigt fühlen, die Adressen ihrer Gesinnungsgenossinnen mittheilen würde.

Wir dürfen wohl hoffen, daß schließlich, wenn der Frauenbund eine respectable Anzahl von Mitgliedern gewonnen haben würde, eine unserer edelsinnigen deutschen Fürstinnen es nicht verschmähen würde, das Protectorat über denselben zu übernehmen. War es ja doch auch in England das entschiedene persönliche Vorgehen der Königin Victoria, welches der Antivivisectionsbewegung zuerst Bahn brach und dann die große Mehrzahl der Aristokratie und der Geistlichkeit veranlaßte, im Kampfe zwischen einem rücksichtslosen wissenschaftlichen Fanatismus und der Humanität der Fahne der letzteren zu folgen. Und ich glaube daher dieser Flugschrift nichts Passenderes beifügen zu können, als eine Copie des Briefes, den Ihre Majestät die Königin Victoria im Jahre 1874 an den Präsidenten der Großen Thierschutzgesellschaft in London richtete.

Brief,

geschrieben auf Befehl Ihrer Majestät der Königin an den Earl of Harrowby, Präsidenten der Königlichen Thierschutzgesellschaft, von Generallieutenant Sir T. M. Biddulph.

Buckingham Palast, 10. Juni 1874.

Mein theurer Lord!

Die Königin hat mir befohlen, Ihnen als dem Präsidenten der Thierschutzgesellschaft, bei Gelegenheit des Gesellschaftsstiftungsfestes und der Versammlung der fremden Delegirten die folgende Mittheilung zu machen. Sie ersucht Sie, dem warmen Interesse öffentlichen Ausdruck zu geben, das Ihre Majestät für Ihr Streben nach Verminderung der an stummen Thieren begangenen Grausamkeiten hegt. Die Königin hört und liest mit Grausen (horror) von den Leiden, welche der Thierwelt so oft durch die Gedankenlosigkeit der Unwissenden und, wie sie fürchtet, auch zuweilen durch Experimente für wissenschaftliche Zwecke bereitet werden. Für die Beseitigung der ersteren vertraut die Königin sehr auf den Fortschritt der Erziehung, und beziehentlich der wissenschaftlichen Forschung hofft sie, daß die Vortheile jener modernen Entdeckungen schmerzbetäubender Mittel, die für die Menschen selbst so wohlthätig gewesen sind, auch den Thieren zur Erleichterung ihrer Leiden in vollem Maße zugewendet werden mögen. Ihre Majestät ist erfreut, daß die Gesellschaft das Interesse der Jugend durch die Verleihung von Preisen für entsprechende Aufgaben weckt, und hört mit Befriedigung, daß ihr Sohn und ihre Schwiegertochter ihre Theilnahme und Sympathie durch die Vertheilung der Preise bei Ihrer Versammlung bezeigen. Ihre Majestät wünscht, daß ich Ihrer Gesellschaftskasse ein Geschenk von 100 Guineen überweise.

Ich bin ꝛc.

T. M. Bibbulph,
Königl. Generallieutenant.

Kaum habe ich diese Zeilen niedergeschrieben, so geht mir noch durch einen Freund die Copie eines kaiserlichen Rescriptes zu, welches erst vor wenigen Tagen an den Dr. Jul. Wöniger, Präsidenten des Schweriner Thierschutzvereins, ergangen ist. Dr. W. hatte an Seine Majestät „eine Bitte an Kaiser Wilhelm" in dichterischem Gewande eingesendet, worin die mannichfachen Leiden der Thiere vorgeführt wurden, welche die Rohheit der Menschen verschuldet, und worin der Kaiser schließlich gebeten wird, den Thierschutz unter seine Allerhöchste Protection zu nehmen. Das Rescript lautet wie folgt:

„Seine Majestät der Kaiser und König haben Ew. Wohlgeboren Immediateingabe vom 11. December v. J., sowie deren Anlage empfangen und aus derselben ersehen, wie eifrig Sie sich bemühen, den Thierschutz durch nachdrückliche Hinweise auf seine Zweckmäßigkeit, wie durch praktische Maßnahmen zu fördern. Diese Bestrebungen finden bei Seiner Majestät uneingeschränkte Theilnahme. Se. Majestät wünschen denselben immer günstigeren Erfolg, welchen Allerhöchstdieselben um so mehr erhoffen, als die Presse, die Schule und die Vereinsthätigkeit stets bereite Mittel bieten, den humanen Ideen des Thierschutzes in weiten Volkskreisen Geltung zu verschaffen; wie denn auch die Staats- und Gemeindebehörden das Vertrauen verdienen, daß sie ausführbaren Vorschlägen in der Richtung Ihres Wirkens die thunlichste Unterstützung nicht versagen werden.

Indem Se. Majestät sich freuen, von Ihrer gemeinnützigen Thätigkeit vernommen zu haben, lassen Allerhöchstdieselbe Ihnen für Mittheilung Ihrer Schriften bestens danken.

Der Geheime Cabinetsrath Wirkliche Geheime Rath
v. Wilmowsky.

Solche herrliche Zeilen aus dem Arbeitszimmer unseres geliebten lorbeerumkränzten Heldenkaisers — sind sie nicht das Schönste, womit ich diese Schrift schließen kann?

Anhang.

Noch einige recht schlagende Citate aus der Zöllner'schen Schrift mögen hier Platz finden. Möchte doch Herr Prof. Zöllner seine herrliche Abhandlung: „Ueber die Freiheit der Wissenschaft und die Nothwendigkeit einer sittlichen Wiedergeburt des deutschen Geistes" durch baldigsten Separatabdruck dem großen deutschen Publikum zugänglicher machen, da ja in unserem Lande nur relativ so wenige Personen sind, welche 12 M für ein Buch auszugeben geneigt sind. Wie vielen Tausenden, die jetzt noch mit gläubiger Ehrfurcht vor dem blutigen Götzenbilde knieen, das ihnen als „das Allerheiligste" der „physiologischen Wissenschaft" als unnahbar und unantastbar erschien, würde diese Schrift die Augen öffnen! Es würde ihnen daraus klar werden, wie unwürdig sie von jenen Gelehrten, die das gesetzliche Privilegium der Thierquälerei in Anspruch nehmen, sich täuschen ließen, und wie wenig eine Wissenschaft, die sich so vollständig von den Forderungen des Sittengesetzes losgesagt hat, noch Anspruch auf unsere Achtung und unsern Schutz hat!

S. 1037. Gewissenlosigkeit ist nicht Mangel des Gewissens, sondern Hang, sich an dessen Urtheil nicht zu kehren. (Worte unseres großen Philosophen Kant, s. Kant's Werke Bd. 9, S. 248.)

S. 1041. Ich würde auch jetzt noch die während der letzten 6 Jahre freiwillig geübte Rücksicht ferner walten lassen, wenn sich nicht vor unsern Blicken gegenwärtig ein furchtbarer Abgrund geöffnet hätte, der einen Zustand sittlicher Verwahrlosung und Fäulniß nicht nur in den unteren Schichten des Volkes enthüllt, sondern auch in denjenigen Kreisen, aus denen seit 400 Jahren das deutsche Volk seine Bildung, seine sittliche Freiheit und den Glauben an den Sieg seiner Ideale geschöpft hat. Jene Burgen, von deren Zinnen alle Deutschen bisher mit Stolz das Banner der Aufklärung, der Liberalität und der wahrhaft humanen Denkungsart wehen sahen, waren die **deutschen Universitäten.** Auf ihnen pulsirte der Herzschlag des edleren Theiles unserer Nation, und wenn irgend wo, so war das Volk berechtigt, bei den vielen Opfern, welche es freudig für das materielle Aufblühen der Universitäten gebracht hat, wenigstens in ihren Kreisen eine sittlich reine Atmosphäre vorauszusetzen.

S. 1113. Ich habe bereits im ersten Bande meiner wissenschaftlichen Abhandlungen darauf hingewiesen, daß zwischen den Anschauungen, welche Herr E. du Bois-Reymond als beständiger Secretär der Königl. preußischen Akademie der Wissenschaften verkündet, und denjenigen, welche der Socialdemokrat Most in Volksversammlungen über die Nichtexistenz Gottes verkündet, absolut kein Unterschied stattfindet. Die Reden du Bois-Reymond's erscheinen nachträglich für einen geringen Preis in gleicher Weise im Buchhandel, wie die Reden Most's, und kein Buchhändler wird den Käufer vorher fragen, ob er Socialdemokrat oder ein „gebildeter" Nationalliberaler oder Fortschrittsmann und Anhänger Virchow's sei, um ihm, je nach der Beantwortung dieser Frage, die Reden du Bois-Reymond's zu verabreichen oder vorzuenthalten. Die Verbreitung solcher, unter den Auspicien der höchsten wissenschaftlichen Corporation Preußen's gehaltenen Reden ist also mindestens eine ebenso große, als diejenige von socialistischen Reden.*)

Auf S. 1114—16 folgt nun eine höchst pikante Zusammenstellung von **Thesen du Bois-Reymond's,** entnommen seinen eigenen Reden und Schriften und solchen aus einem der vornehmsten Organe der Socialdemokratie. **Beide leugnen sowohl die menschliche Willensfreiheit, als das Dasein Gottes.**

S. 1116. Wie man sieht, stimmen die philosophischen und sittlichen Conclusionen der Socialdemokraten auf's Genaueste mit denjenigen des beständigen Secretärs der Kgl. preuß. Akademie du Bois-Reymond überein.

S. 1118. Wenn es nun aber wahr ist, was man heute allgemein behauptet, daß die zunehmende sittliche Verwahrlosung und Begriffsverwirrung im Volke der Ausfluß jener nihilistischen und materialistischen Lehren sei, so muß man nach Newton's Regula philosophandi auch von gleichen Ursachen auf gleiche Wirkungen schließen können, d. h. man muß die Erscheinungen jener sittlichen Verwahrlosung auch in denjenigen Kreisen wiederfinden, denen die unversiegbare Quelle jener verderblichen Lehren ihren Ursprung verdankt.

S. 1124. Ich kehre zu der Frage zurück: Was kann der neugewählte deutsche Reichstag thun, um die von Herrn du Bois-Reymond

---

*) Ich möchte hier noch hinzufügen, daß solche Facultätsmänner, schon weil sie Lehrer der Jugend sind, mit ihrer Philosophie viel gefährlicher sind als die Socialdemokraten.

bei unsern jungen Medicinern constatirte und so bitter beklagte Zunahme der sittlichen Verwilderung in ihrem weiteren Fortschritte zu hemmen? S. 1127. Weshalb macht sich also der überhandnehmende Cynismus unter den Medicinern gerade in unseren Tagen so breit? Sind vielleicht beim medicinischen Unterrichte unserer Studirenden neue Elemente hinzugekommen, welche die Abstumpfung des natürlichen Gefühles in so schreckenerregender Weise befördern? Möge uns auf diese Fragen ein in diesen Dingen als Autorität anerkannter Gelehrter Antwort und Belehrung ertheilen. (Hier folgen neue charakteristische Stellen aus der bekannten Rede du Bois-Reymond's bei Eröffnung des neuen physiologischen Instituts der Universität Berlin, worin er in seiner eigenthümlichen und phrasenreichen Manier namentlich auch das mit dieser Anstalt verbundene neue Vivisectorium verherrlicht.)

(Es möge mir zur Charakteristik dieses so selbstgenügsamen und von seinem todten Wissen so aufgeblähten Schutzrednerns der Vivisection gestattet sein, hier einen Satz aus einer am 6. Juli 1876 in einer Festsitzung der Königlich Preußischen Akademie von ihm gehaltenen Rede beizufügen: „Kühn auf dieser Höhe des Pyrrhonismus (Zweifelsucht) verschmäht es der Forscher, die Leere, die um ihn gähnt, mit Gebilden seiner Phantasie auszufüllen, und blickt furchtlos in das unbarmherzige Getriebe der entgötterten Natur."

Wie unendlich edler und würdiger klingen doch, gegenüber diesen schwülstigen und prätentiösen Phrasen eines der ersten Apostel des Atheismus und der Vivisection, die einfachen schönen Worte unseres Kaisers, die im Vorworte dieser Schrift angeführt sind!)

Seite 37 des Zöllner'schen Vorwortes zu Professor Schuster's höchst interessanter Schrift: „Gibt es unbewußte und vererbte Vorstellungen?" (Leipzig 1879):

Das Bewußtsein des Unterschiedes zwischen der Moralität und Legalität der Handlungen ist dem Volke in seiner überwiegenden Mehrheit in der Gegenwart abhanden gekommen. Für die Moralität unserer Handlungen sind wir dem unsichtbaren Richter in unserm Innern, für die Legalität derselben dem weltlichen Richter verantwortlich. Die erstere kann nur durch eine Cultur des Herzens und der Gesinnung, die letztere auch durch Cultur des Verstandes allein bewirkt werden: zur Ausübung der Gerechtigkeit aber gehört Beides.

S. 977. (Auszug aus dem Briefe eines deutschen Universitätsprofessors an Herrn Prof. Zöllner, d. d. 30. Januar 1873.) „Glücklicherweise stehen die wissenschaftlichen Leistungen der „großen und prachtvollen Laboratorien" immer im umgekehrten Verhältnisse zu dem großen Aufwande und der glänzenden Ausstattung, die sie erfordern; und so werden denn auch die „großen und prachtvollen Laboratorien", welche in Leipzig für die . . . . . Fächer errichtet wurden, nicht verfehlen, ihre sterilmachende und negative Wirkung auf die Arbeiten ihrer „exacten" Directoren zu äußern."

Ist es nicht bei dem materiellen Nothstande eines großen Theiles unserer Mitbürger doppelt sündlich, so vieles Geld aus den Taschen der Steuerzahler für die kostspielige, unnütze und demoralisirende Liebhaberei der wissenschaftlichen Thierquälerei zu verschwenden, statt dasselbe lieber zu humanen Zwecken zu verwenden?

Und noch zwei englische Citate mögen hier Platz finden. Das erste ist entnommen einer kleinen Schrift des Herrn George Jesse. (Notes upon the Report of the Royal Commission on Vivisection, 1876.)

„Was würden wir von einem Menschen halten, der ein Raphael'sches oder Titian'sches Bild zerschneiden und zerstückeln und unter dem Mikroscop untersuchen wollte, in der Hoffnung, dadurch den Geheimnissen der Zeichnung und der Colorirung dieses Kunstwerkes auf die Spur zu kommen? Handeln die Vivisectoren nicht genau ebenso, indem sie die wunderbaren Geheimnisse des Lebens durch rohes Zerschneiden und Auseinanderreißen jener lebendigen Kunstwerke: der athmenden und empfindenden Organismen, zu ergründen suchen?"

Das zweite Citat ist von dem berühmten Samuel Johnson:

„Möchten alle human gesinnten Mitglieder eines der schönsten Berufe, dessen Zweck doch die Linderung menschlicher Leiden ist, solche Thaten (die Vivisection) öffentlich verdammen — Thaten, die den ganzen Stand seines Ansehens zu berauben geeignet sind, und jene Gefühle im Menschen erlöschen, welche Zutrauen zum Arzte erwecken, und deren Ermangelung uns diesen mehr als die Krankheit selbst fürchten läßt."

Nachschriftliche Notizen.

(Hierzu die Abbildung auf nächster Seite.)

Mein Freund, Herr Bergmeister Mahr in Ilmenau, besitzt einen Hund, der, als sein erster Herr gestorben, 48 Stunden lang nicht vom Grabe desselben wegzubringen war und alles Futter beharrlich zurückwies. Um ihn am Leben zu erhalten, mußte man ihm schließlich mit Gewalt Milch einflößen. Noch viele Monate lang war sein Lieblingsplätzchen der Arbeitsstuhl seines früheren Herrn, und refüsirte er jede andere Schlafstelle. — Wie viele ähnliche Beispiele rührender Hundetreue sind nicht schon von Thierfreunden beobachtet worden! Und Thiere mit solchen edlen, bei Menschen sogar nur so selten zu findenden Seeleneigenschaften sind in den Augen brutaler Fanatiker der Wissenschaft nichts weiter als „werthvolles Material" zu den grausamsten, martervollsten und für die Menschheit durchaus entbehrlichen Experimenten!

Ein Doctor der Medicin, Dr. Reich, hat letzthin dem Stuttgarter Verein 2900 Mark unter der Bedingung vermacht, daß diese Summe ausschließlich nur zur Bekämpfung der Vivisection verwendet werde. Unter genau derselben Bedingung hat kürzlich ein Doctor der Medicin in England, Dr. Fraser in Hampstead, dem Schottischen Thierschutz-Vereine in Edinburgh 200000 Mark vermacht. Nach solchen erfreulichen Thatsachen dürfte es wohl endlich an der Zeit sein, daß auch in Deutschland die zahlreichen Aerzte, welche die Vivisection innerlich nicht billigen, mit dem Bekenntniß ihrer Ansicht nunmehr öffentlich hervortreten!

An die deutschen Thierschutz-Vereine ergeht die freundliche Bitte, diese Schrift in möglichst vielen Städten auf den Lesetischen der Clubs, Vereine und Café's öffentlich auslegen lassen zu wollen.

Hund auf dem Grabe seines Herrn.